加藤浩

落語小僧《らくごこぞう》ものがたり

席亭志願再々

彩流社

目次

第一章　大須物語

1　大須生まれ

生まれて育ったのは、大須という名古屋の下町、東京でいえば浅草だろうが、スケールは比べようもないほどこぢんまりとした町だ。観音様に支えられ、平日もそこそこの人出があり、賑《にぎ》わいを見せる。その商店街から少し奥まったところに、わが家がある。古い写真館である。加藤稔《みのる》撮影場がその写真館の名前だ。戦前は縦割長屋、戦後はバラックになり、すぐに建て直したそうだ。当時としては、まだ珍しい洋館三階建てだ。今もまだある。外壁もなかもボロボロで、地震、台風が来たら、終わりだろう。

ところがどっこい、どんなことがあっても大正生まれの両親は、しぶとく元気だ。この間《あいだ》、齢《よわい》九十越の母は、散歩に出かけたその足で、松坂屋に行き（名古屋のご婦人方はやたらと松坂屋に行く)、食品売り場を見ているうちに、立ちぐらみを覚え、医務室に運ばれ、少し休憩した後に、再度八階のフロアから地下まで思う存分に買い物をしなおして、帰ってきたという強者《つわもの》である。

大正生まれの彼女は、三重県松坂の出身で、ある日、友達と名古屋に遊びに行く途中で、汽車が停まり、途中の永和駅で降ろされ、そこで終戦の知らせを受けたといっている。これが本当なら、この緊急時に遊びに出かけるという神経が、分からない。また、戦時下のころを「あのころは、青春時代、毎日が楽しかったなあ」と、回想する非国民的な親である。

このとぼけたお気楽さが、この人の持ち味である。別に藝人ではないけれど。九十二歳になり、最近は記憶力がさすがに低下、それでもわたしの親だけあって、唄は、めっぽう強い。立川談志家元と同じで、あまり流行《はや》らなかった唄でも三番までいける。「愛染夜曲」[1]「悲しき子守唄」[2]「赤い椿の港町」[3]なんかはいい味で歌うのだ。これがのど自慢なら、年寄り優先の特別賞ではなく、間違いなく鐘三つだろう、チャンピオン大会には出られまいが。

この母親と祖父が今のわたしに最も影響を与えたのは間違いのないところだ。

この大須の実家は、三階建ての一番下が写真館で、仕事場と小さな茶の間と台所、二階が三畳間と四畳半の部屋がふたつ、最上階は子供部屋がふたつ。この家に家族六人と父親のお弟子さん、いわゆる修業の小僧さんが三人、多いときで四人、「おいおい、どうやって住んでたんだ?」と、突っ込まれそうだが、それでも詰め込んで住んでいた。二階の四畳半には、鉄製の三段ベッドが取付けられていて、ここに三、四人が住んでいた。今ではちょっと考えられない昭和の大家族の原風景である。

三階の子供部屋の寝床に窓があって、お隣さんの窓と目が合う感じになる。このお隣さんが、「キャバレー宝塚」。言わずと知れた、名古屋ナンバーワンの夜の社交場、マンモスキャバレーなのである。お隣部分は、このキャバレーのホステスさんの寮になっていて、部屋がなぜか、丸見えなのである。お姉さん方が、パジャマ、ネグリジェ……なんて格好で。今となってはこれが刺激的なのである。当時、わたしは幼稚園くらいだから、そんな環境も楽しめるはずもない。

ただカセットデッキから流れる音楽はよく聞こえた。圧倒的に西田佐知子[4]、園まり[5]、伊東ゆかり[6]、新しいところで藤圭子[7]。今、バンドが入るキャバレー、東京では銀座の「白いばら」が最後だと思う。当時は、バンド入りが当たり前。

名古屋はほかに、「美人座」「キャバレー大名古屋」。学生時代、このバンドさんを聴くためだけで、納屋橋の名宝劇場のダンスフロアに行ったこともある。ここは東京から一流どころが出る寄席もあった。富士劇場、これはメジャー。

家の隣がキャバレー、道なりに観音様のほうに歩くとすぐに大須新地、新宿ゴールデン街を小さくしたような、およそ三十メートルもないくらいの袋小路に四人入ればいっぱいのバーが二十軒。半世紀もたてば当たり前だが、この辺りの様変わりが激しい。流しのギター、アコーデオンの音がする。この狭い路地に流しの人が毎晩たむろしていた。

わが家には白黒テレビが五台もあったが、肝心の風呂がない。そこで毎晩、銭湯に行くわけだ。

町内に銭湯が三軒もあるので、これは至極便利。仁王門湯、赤門湯、大須温泉、毎晩の銭湯通い。徒歩五分。行くまでに、キャバレー宝塚を通り、今の百老亭、ここのおかみさん、わたしの小学校、中学校の先輩、名古屋で一番の餃子専門店。亡くなった痴楽師匠[8](五代目)、そのまた前の痴楽師匠[9](四代目)と二代続けてのご贔屓《ひいき》の店。すぐ一本向こうの道に大須新地を抜けて、左側に見えるのがミナト座[10]、これはストリップ劇場。夜になるとここの赤いサーチライトが町内全体を照らす。名古屋の田舎の下町なのに、新宿コマがあったころの歌舞伎町みたいな感じになる。

よく町内会が黙っていたものだと、今更ながらに不思議である。なにしろ町内にストリップ劇場があって、名古屋の日劇があって、大須新地というゴールデン街があり、隣がキャバレーというまことに奇跡的な環境にあった。この環境がわたしの人生、とんでもないところに舵を切り出すのである。奇跡的というのは、そういう環境であったということもそうであるが、昭和三十五年生まれであるわたしは、キャバレー宝塚にも日劇にも、そしてミナト座にもギリギリ間に合ったという、ほんとにあと一年遅く生まれていたら、この記憶がまったくなくなってしまうことを考えれば、これは奇跡的というほかないのである。

生まれて最初の記憶は、幼稚園に連れて行かれたときのこと、少し遅れて入園したらしく、幼稚園では新参者で、大勢の子供たちのなかで泣いていたような、椅子が並んでいて、前に女の子がふたり不思議そうな顔でわたしのことを見ていたような……そんな薄らぼんやりした光景、初めての集団生活が嫌で、露骨に拒否したらしく、すぐに行きたくないといい出したらしい。だから幼稚園の記憶はほとんどない。興味がなかったのであろう。それよりミナト座の赤いネオン、暗い夜道にここの赤いネオンは強烈であった。これはよく覚えている。

大須新地の流しのギターとアコーデオンの音、これは少なくとも昭和六十年くらいまでは流しさんが立っていたので、記憶が鮮明だ。今思えば、もっとこの新地に行けばよかったと思う。子供はなかなかこの新地には入れなかった。大手を振って入っていけるようになったのは、中学に入ったころだった。新地の子が友達に多かったせいもある。たばこの匂いとカビの匂いが相まって、すっかりこの新地の風になじんでいくのである。カラオケがブームとなりだしたのが、昭和五十年代、このころからこの地域は影を潜めていくのである。流しの人がだんだん減っていくのである。後年、ここから藝人になった人もいる。そんな話はまた。

今までの話は昭和三十年代最後の頃、つまり三十八年から四十年、大須演芸場[11]が開場になるのが、昭和四十年十月、つまり四十年から四十一年の記憶が少々とんでいるのである。

大須演芸場の柿落《こけら》としあたりが怪しい。

ミナト座がなくなって、和風の建物ができて、顔見世の招きのような看板、少し太めのものが、十二、三枚ずらりと掲げられ、様変わりしたのは、何となく覚えている。寄席ができたというのは、子供心にも理解できた。祖父は、早めに夕飯をすませ、大須演芸場に行くのが日課になった。七時半から割引き料金になる、四百円か三百五十円だったか。この頃は三回転、第一部が正午開演、二部三時十五分、三部六時半開演、七時半から割引き料金になる。木戸銭は六百円、確か二年目からは祝祭日のみ三回転で普段は二回転だったようなおぼろげな記憶、写真入りでカラーの大きなポスター、三つ折りのプログラムには、秋田實[12]門下の新鋭作家の柴田信子女史による番組案内、芝居が変わるたびに、このプログラムを集めた。ただ、ポスターは誰でも貰えない。これらがどうしても欲しい。わたしにせがまれ、祖父は、なんとか支配人にとりあって、家に持って帰ってきてくれた。今となっては、膨大な貴重な資料である。末廣亭のビラより、花月のポスターに近かった。

開場半年もすれば、だんだん記憶が定まり、一芝居ごとにならび替えられる招き看板をじっと見て、急いで家に帰って真似をして紙に書いていた。この調子だから、藝人の名前だけは覚えるのが早かった。何しろ東西から集まる。落語協会、芸術協会、漫才協会、大阪はすごい、松竹、吉本、東宝系に新花月、てんのじ村系……上方落語協会、関西演芸協会、もうめちゃくちゃ引き出しが多い。これをごった煮にして、番組が作られる。席亭の腕の見せ所。なにしろ席亭、わたしにいわせりゃ、ど素人、だれかの知恵がなければできっこない。大変な作業だった。

2　覚えた藝名

子供だから、やはり文字で入ってくるのが先になるので、簡単な藝名はすぐ覚える。初めて覚えた名前が、柳サンデー・マンデー[13]。これは大阪吉本。柳姓を名乗る藝人さんの大阪方は、ほとんどが三遊亭柳枝一門。柳枝、噺家で柳枝劇団を主宰。ミヤコ蝶々[14]もこの劇団にいて、柳枝の妻になった。そのあと、吉本新喜劇の南喜代子と結婚した。南喜代子もパワフルな藝人だった。女版島木譲二といったところか。突然大声で泣きだすギャグこれのみ。吉本の女優陣は、山田スミ子、片岡あや子[15]、中山美保[16]の三羽烏に脇は、高勢ぎん子、河村節子[17]、そして南喜代子。高勢ぎん子は高瀬実乗の実娘、河村と南は漫才の出身。

さて、サンデー・マンデー、このコンビは大須では前座専門。若手で期待されていたが波に乗れず解消。マンデーはのちに吉本新喜劇で脇のコメディアンで重宝された、やなぎ浩二のことである。東京方は、青井しんご・赤井しんごのWしんご。この文字は何度も書いたものだ。晩年、東洋館に出ていたのでなつかしい話に花が咲き、そのまま十条だったか、しんごさんの串揚げの店まで行って、大須の話を喋り倒した。

確か、いかさん(いか八朗[18])もいた。このいかさん、近藤覚悟といって大須は五十年代、いわゆる衰退期によく出ていた。この人も浅草の伝説的藝人。大須に出ていたころはテナーサックス漫談、身体が小さいのでサックスに身体が隠れるのがおかしい。古い漫才で、道和多比良[19]・大津おせん。ダーク大和[20]がやった奇術の泥鰌《どじょう》すくいなどの珍藝、妻のおせんが、これを三味線で助ける。このころはもうベテランなのに大須では出番が浅かった。前座で出ることもあった。道和というのを「どうわ」と呼んでいた。恥ずかしながらずっとあとで、「みちはたいら」というのに気づくのである。それでこのコンビのことをよく覚えている。横山やすしの本に、四国へ行ったとき船中でこの漫才にいじめられたというくだりがあって、本を読んだとき懐かしかった。相方の大津おせん、この人は大津お萬[21]の弟子にあたる。といってもおそらく日本でこの漫才を知ってるのは十人いないと思う。この大津お萬・小萬の女道楽を見たというわたしには歴史がある。まあ自慢ばなしにもならないが。もっといえば、千葉琴月[22]も見ている。浮世節、俗曲などてんこ盛りの女道楽、この人が中興の祖だったのかもしれない、琴月、琴美、琴昇の三人高座で千葉琴月連という看板だった。格調高い藝でおよそ寄席に出るような人ではなかったが、それでも大須は何度と出ていた。恐ろしく藝達者だったみたいだ。寄席に出ていたが全編邦楽なので、子供には面白くないし、わからない。

この間亡くなったスミさん[23](玉川)の師匠、桂喜代楽・愛子[24]の漫才も見ている。学校の先生のような生真面目な漫才であった。おのずと客席からくすりともこない、なんだか漫才というより品のある講義のような不思議な藝だった。もっとも最晩年ということになる。晩年は名古屋に来て、この土地の組合である名古屋芸能互助会に入っていた。通称は「名芸互助会」。ここの会長が雷門福助[25]。福助師匠はわたしの家の五軒右隣で、福助荘というアパートをやっていた。晩年は落語界のシーラカンスと呼ばれ、急にスポットライトを浴びることになる。息子がプロダクションなんかを作って、売り出したが、所詮《しょせん》素人、長続きしなかった。この師匠はよく家に遊びに来て、そのついでに貴重な話を聞かせてもらった。七代目の円蔵[26]が大須に来ると、必ず挨拶に来ていた。この噺は川戸貞吉さんの落語芸談に詳しい。

「この間、国立(劇場演芸場)に出たら、馬楽が『師匠ご無沙汰いたしまして』ってあいさつに来たの、あなた知ってる、確か若いころ八百八っていう噺家だったよね」ってな具合で、師匠の話は興味深く楽しいんだが、名古屋では誰も相手になって聞ける人がいない。というわけで良くかわいがってもらった。最初は名古屋の藝人に声がかからなかったということでへそを曲げて、大須には出なかった。

サンデー・マンデー、Wしんご、前座で重宝がられたのは東京だと大空ひろし・みつる、[27]あとは、あした順子・ひろし、[28]当時は南順子・北ひろし、もちろん若くて活きがいい、やわら漫才というタイトルが必ずついていた。下げで順子さんがひろしさんを投げ飛ばす。このコンビ最後まで寄席を離れなかった漫才だった。談志家元が「どうあれ、あのコンビはずっとあそこ(寄席)にいたんだ」といってそのことをあきれながらも絶讃していた。

横山やすし・きよし、これももちろん前座。二番手くらいに、花園ベティ・江見領一、[29]このコンビはなぜかよく覚えている。美人で花のあるベティを江見のギターが助ける歌謡漫才。大阪の上舞さん(大阪の演藝愛好家)が、息子さんが東洋館で今働いてるというものすごい情報をくれた、これがガセでなかったら会いたいものだ。

中堅で常連だったのは、白川珍児・美山なおみ、[30]この漫才は大須ではよく見た。白川さんの風貌《ふうぼう》は、Wけんじの東さんに瓜二つ。強烈な個性の強い漫才だった。このコンビも長続きしなかったが、大須の開業と時期的にこのコンビの絶頂期と重なったせいかよく見たものだ。未だに印象に残っているくらいだから個性的な漫才だったと思う。荒川ラジオ・テレビ、[31]これは名前が強烈。こういう分かりやすいのはすぐ覚える。大須創世記から足立秀夫さん(二代目社長)の代まで大須にどっぷりつかっていた。初代ラジオ門下。もちろん初代は知らない。二代目荒川ラジオを襲名、このころから大須に来ていた。どうも最初は名古屋にいて、あの大阪の三遊亭小円(32)、小円・栄子の小円さんが伯父にあたることから来阪して木村透・好江。もう大須がふらふらになっていく昭和五十五年以降はこのコンビさらに加速して出ていた。変な言い方だが。正月の初席も常連で、まだ早い出番で何度か見たものだ。この人の舞台になると、なぜだか足立さん、客席の後方で立って見ていた。これは珍しい。いつも受付のロビーで自分の録画したドラマのビデオ見てるのに、好きだったのだろう、いやわからない、偶然かもしれない。オーソドックスな夫婦漫才。トリネタは透のアコーデオンで、畠山みどり(33)の「人生街道」を好江が歌う。サゲでドレスの裾《すそ》を大胆にめくって、敏江さんみたいにあんなに放送禁止までいかないまでも、ちら見せして終わり。そんなに面白くない。いつもいっているが、この面白くないというのがダメだといっているわけではないので、このなんともいえない、そんなに面白くもない平素な漫才がいいのだ。奥さんが確か四歳歳上でご存命ときいているが、確かではない。

3　思い出の師匠たち

南けんじ師匠も、大須は古い。大須全盛期から衰退期までずっと出続けて出演回数もトップクラスではなかろうか。大阪の、いや東京もそうだけど漫才はくるくる相方を変える。大須で正月見ると、こんど五月に来るころには相方が変わっている。そんなことはいくらでもあった。長続きするほうがまれである。南の師匠も、漫才で来ていた。ギター漫才。相方は條あきら、若葉しげる、あとはだれであったか。もちろん全盛はボーイズの出身で、言わずと知れた、人見明[34]とスイングボーイズ。もちろんこのボーイズは見ていない。人見さんは商業演劇で御園座、中日劇場で売れた。晩年は北島三郎公演の常連、白木みのる[35]とのコンビは絶妙だった。ショーの幕間のコントは今の若手藝人にぜひ見せてあげたい。

さて南の師匠、この人たけしさんの本『漫才病棟』に出てくる、頭ケンの師匠のこと。三頭身で頭がやけに大きいから、付いたあだ名が頭ケン。近くにメトロっていうパチンコ屋、演芸場の裏、通称タヌキ山公園のその隣にある、大きなパチンコ屋、ほとんど出番のないときはここにいた。南の師匠を見に行った。いつも遊んでくれた。ギター漫才は最初は南さんの時事放談、ひとりしゃべり、トリネタがのんき節。そういえばのんき節、今やる人がいなくなった、これも寂しい。ピンになって一人放談、時事漫談、最後は江戸っ子漫談。これは足立さんが勝手につけたと思う。

最後は芸協の寄席にたまに出ていた。浅草だとのせもので入ってくる。プログラムには出ない、いわゆる代演専門。なかなかこの高座には巡り合えない。よほどの常連客でなければ、南けんじ狙いで来る客などそうはいないはずなのだが、いるんですよ、南けんじの追っかけが。今のたけ平師匠はそのひとりだった。南の師匠の話をしだすと止まらない。ネタまで覚えていて、二人で盛り上がる。おそらくそんな人、日本にいないだろう。嘘でも本当のように聞かせる藝、よくあるネタでもあの師匠にかかると無性におかしい。サゲ間際は少々口調が早くなる、トントンときてさっと下げる。これがかっこいい。たけしさんの口調がこれだ。たけしさん、わたしが浅草にいる頃、弟子や付き人を連れて突然現れた。わたしが南さんの古い写真や宣材を見せると、若い連中に「見ろ！これが南けんじだよ。これがいつも話してる頭ケンの師匠」と、いって説明していた。若い頃はずいぶん世話になったよ、と一言残してすぐに行ってしまった。わたしが南けんじ独演会をやったとき、すぐにたけしさんの事務所からお祝いのメッセージを頂いた。

これも浅草の話。

演芸ホールにライカだと思う、写真屋の倅《せがれ》だからすぐに分かる、ライカをぶらさげて、志ん朝師匠がやってきた。もちろん芸協の芝居。

「だれが出てるの？」

わたしが「南けんじ先生です」といったら、ちょうどいいときに来た！　みたいな顔して、客席の後方で見てる。あの天下の志ん朝師匠が笑って聞いてる。南の師匠、いい気持ちで「娘よ」なんと普通に、二番まで歌う。これがまたいい味だ。やはりボーイズなので声もいいし、節回しが独特、志ん朝師匠が盛んに拍手してる。なかなか見られないものを見た。わたしが名古屋から上京して、浅草でばったり会って、すぐに六区のいつもの酒場に連れて行ってもらった。よく飲むんじゃなくて、よく喋った。ほとんど南の師匠の藝人交遊録の自慢話。普通なら自慢話はもう聞きたくないとなるが、師匠の話は面白く興味深いから何時間聞いても飽きない。そろそろ店を出ようとしたときに谷エースさんが来て、また飲みだしてしまった。

「この人、俺が死んだら葬儀委員長だよ」

谷さん「大丈夫、安心して死んでください」だって。

実際にお別れ会だったか、偲ぶ会だったか、いずれにせよWエース[36]さんも跡を追うように逝ってしまった。この師匠方の弟子が一昨年真打ちに昇進したニックス。南の師匠の晩年は病との闘いであったが、ガンとうまく付き合って、それも藝にしてしまい、亡くなる一年前くらいにマスコミで取り上げられ、いきなりスポットが当たり始めた。たけしさんの師匠格の藝人として、末期のガンでもそれをネタにして笑い飛ばす藝人として、テレビにも出はじめたところで、人生の幕を閉じるわけなのだが、御子息のマジックの藤山新太郎[37]さんが「閉店間際のパチンコで入ってしまった」という言葉、これはおかしい。わたしも晩年、追っかけしたものだ。渋谷での漫才ライブにも行った。孫のような世代に南けんじが入っているという番組、スペシャルゲスト待遇だ。このとき売り出しの爆笑問題もいて、楽屋では牢名主みたいだったと師匠喜んでいた。亡くなる半年前に「最後に大須に行ってくるか」と、元気に名古屋に行った。あんなに入らない大須でも入りは上々だったという。

わたしのミックス寄席にも出ていただいた。超満員、深夜すぎまで家で飲んだ。若いお客さんに取り囲まれ、すべての質問に楽しそうに答えていた。さすがに体力が落ち、寄席での代演もできなくなって、高座から姿を消していたが、久しぶりにコウシンさん(高信太郎)のライブにゲストに出るというので、吉祥寺のライブハウスに行った。ちょうど今の米粒写経(38)のおふたりも来ていた。十五分のステージ、立ちは無理だから椅子に座ってのトーク。痩《や》せた体に息苦しいのか時折、咳《せき》込む様子もあった。わたしはこのステージ哀しくて見ていられなかった。誰もがラストステージと思い、目に焼き付けていた。客席は業界の人間のほうが多かったのかもしれない。壮絶なステージを終え、すぐに車で帰っていかれた。車の窓開けて、若手の藝人たちがみんなで挨拶した。南の師匠、目が小さくなっていた。

「偲《しの》ぶ会やってくれよ、俺も出るから」と、小さな声で最後のジョーク。なんだかこうやってお見送りすると、出棺みたいだと若手藝人がいうと、少し笑いが起きた。確か、この一週間後くらいに訃報が入ってきた。覚悟していたが、少しずつ吐き出される訃報を知らせるファックスに息を呑んだのを覚えている。わたしがミックス寄席(39)を立ち上げた年、つまり平成九年十二月であった。ミックス寄席に出ていただいたこと、ギリギリ間に合ったのである。

南けんじ師匠は大須の東の常連。西はやはり、すっとんトリオ(40)だろう。昭和三十年代後半から昭和四十年の中ごろまでが全盛期、つまり大須の開業のころは大阪のトリオ漫才のスターであった。一時期、東京のてんぷくトリオ(41)と並び称された。トリオ漫才の草分け的存在。リーダーの松田竹夫、わたしの見ていたころは、黒木雪夫と高井安夫の三人。初代メンバーに永井路夫がいた。この人後年、てかてかトリオ、最後は唄子・啓助(42)がやっていた唄啓劇団の役者になってほどほどに活躍した。リーダーの松田さん、この師匠は森川信(43)一座を振り出しに、軽演劇畑を転々として漫才師になる、軽妙で、藝達者な人だった。間寛平はすっとんを見て藝界に飛び込んできた。それくらい存在感のある藝人だった。大須でも人気があった。「お笑い三十石」「お笑いガマの油売り」「飛び出す小箱」は十八番藝。

すっとんさんのネタは、ほぼ見たといっていい。このトリオもトリネタはコントのような小芝居になる。小芝居ってどういったらいいのか、コントでいいか。特に「お笑い三十石」はもう単純明快で子供にはわかりやすくていい。三十石、いわゆる、虎造の「森の石松・三十石船」のこと。テープ流してあてぶり。大須は受けに受けた。「飛び出す小箱」は、コントの傑作。客をいじりながら、そこのお母さん、この機械に入れると飛びだします、行きますよ、お母さん、あのお母さん、機械にド～ン、機械から、原節子がド～ン。ハイ次から次へといきますよ、あっちのお婆さん、機械にド～ン、吉永小百合がド～ン。ゲラの客を見つけておいて、ハイ、一番後ろの奥さん、入れますよ、奥さんド～ン、清川虹子がドド～ン、これがサゲ。面白くもなんともないが、この大須の雰囲気にぴったりで、異常な盛り上がりをみせる。今では信じられないが小屋が揺れるのである。いやもしかしたらこの時代でもそうかもしれない。当時は招き看板にもコント漫才の王者・すっとんトリオと出ていた。

今、大阪で松ちゃんといえば、ダウンタウンの松本人志のことをいうけど、昭和四十年代は、すっとんの松田竹夫のことで、それだけ売れていたということのこれが証明。昭和九年生まれだからまだご存命だと思うが、いやこの時代のコメディアンや藝人は早世してるから難しいか。あれだけの人だから訃報が出てもおかしくないだろうが。いわんとしているのは、どうあれ生きていてほしい、そんなふうに思わせる藝人だった。わたしも一度お話させていただいた。あとで書くが、当時応援していた、名古屋在住のボーイズ、ハッピーボーイズさんのお三方も、この松田さんには大層お世話になった。

そういえば、初期の頃のメンバーで高杉邦夫がいた。藝熱心な人だった。すっとんを辞めて、てかてかトリオを結成、人気があったが、昭和五十年、わたしの知り合いの旅館（愛知県犬山市）で首つり自殺した。原因は不明だが、負の記憶としていまだに忘れない。

大須を盛り立てた藝人として笹山タンバ[44]も忘れられない。最初、大須で見たときは、笹山タンバ・秋月ルンバの漫才。このルンバは実娘。次が夢乃タンゴとのコンビ、これは再コンビ。そのあと弟子たちと目まぐるしくコンビを変え、最後は二代目内海突破、初代の実弟だからこの名を継いだ。披露公演も大須でやったと思う。最後の頃は、お色気漫談と称し、坊主頭で下ネタ中心の漫談。ビートたけしが「浮世を忘れた坊主でさえも木魚の割れ目で思い出す」のフレーズをとりあげ、よくこの師匠の話題をテレビで披露しているので、ご存知の方も多いかもしれない。弟子は上方漫才の将来の大器といわれた、船仁のるか・喜和そるか、鼻乃ルンバ・笹山サンバほか多くいた。鼻乃ルンバもサンバとコンビを組んだ直後に、二十一歳の若さで病死した。栄養失調に肺炎を併発、なんとも痛ましい死だった。仲間で永代供養をしたということを相羽秋夫さんの著書で知った。世の中に出ないところで有能な藝人が消えていく昭和四十年代の藝界裏での様々な出来事はまさに壮絶だ。

ルーキー新一という、大阪の天才藝人がいた。この人、昭和三十年代はトップスターで昭和四十二年に恐喝事件をおこして、藝界を離れ、しばらくして大須の衰退期の昭和五十二年あたりから大須に来て、弟子のミッキーオサムとコンビで舞台に立つようになった。さすがに話術は達者で、大須では名古屋弁を駆使して客席をひっくりかえした。出番はどういうわけだかいつも仲入りで、まあ帰り新参という形で遠慮があったかのかどうかはわからない。トリはあえて東京の藝人に譲ったのかどうかは定かではない。ただトリにどんなメジャーが来ても、ルーキーには勝てなかった。

しばらくして、最晩年だと思うが、日比谷の東宝名人会に出演したが、そのときは、もうすっかり衰えていた。ルーキーの藝が東京に合わないこともあったのだろう。しばらくしてルーキー新一の訃報を知る。アルコール漬けの日々、食事もとらず、急性心不全で四十五歳の短い生涯を閉じた。大阪の天才藝人、すごい藝人だった。大阪の天才藝人の、このパートは横山やすしということになるのである。

トリオ漫才、漫画トリオ[45]やてんぷくトリオ、このあたりはスター。てんぷくトリオといってもだんだんメンバーにだれがいたのかわからない人もいるという時代になった。漫画トリオ、ノックフックパンチ、横山ノック、上岡竜太郎、もうひとり、青芝フック。この人、弟子のキックとのコンビで長く漫才をやっていた。てんぷくは三波伸介、ご存知伊東四郎、あとひとり戸塚睦夫、この人これはわたし好み。「お笑いオンステージ」は戸塚をおっかけたものだ。このてんぷくの冠番組に抜擢《ばってき》で出て、一躍名前が全国区になったのが西川ひかる。その昔、夢乃タンゴと漫才をやっていた。タンゴひかるの西川ひかる。この漫才は一時売れた。タンゴさんの一番いい時だったかもしれない。事実そうだろう。てんぷくが大須に来ていたころ、全盛期前の頃、漫画トリオの方が売れていたと思う。ボーイズは、あひる艦隊[46]は看板だ。あと大須の常連はプレーボーイズ[47]、これは中堅。ガールズではグリーンシスターズ。なんだかエグザイルみたいだ。これはＮＨＫで放映された「浪花芸人横丁」というドキュメンタリー番組で冒頭、団之助事務所の社長が仕事先の人との電話で「去年に比べてネットが上がってますねん。今売り出しのグリーンシスターズ、これは今いいです。あと、奈良丸さんと、落語一本で三組でいきましょ」ってなぐあいで商談成立。昔懐かしい興行師の仕事。社長振り返ると事務所の茶の間で古い藝人がシャレをいいながら卓を囲んでいる。これはやらせだけど、いい。貴重な記録である。話がそれたが、名古屋にもボーイズがいた。ハッピーボーイズ、この人たちが名古屋のボーイズの元祖。メンバーは鶴信也、佐々木一郎、伊加里武の三人。アコーデオンの鶴さんがリーダー。ＣＢＣラジオの聴視者参加番組「夜店だよこんばんわ」のメインを務めることになった。

　この番組はＣＢＣの看板番組、新間正次の「ラジオ朝市」の夜版で月～金の夜七時の生放送。レインボースタジオでハッピーボーイズが演奏して、硝子越しの表に客が集まるという形式。ＭＣに抜擢されたのは水野智代子、今では中部地区のベテランアナウンサー、一時「走れ歌謡曲」も担当していたことがある。この水野智代子のデビュー番組になる。中学校のころだった。宿題はやらなくてもいいからレインボースタジオに行って唄ってきなさい、わたしはラジオで聞いてるから……との祖父の命令で毎晩、自転車で七時前にはレインボースタジオに行った。硝子《ガラス》越しにハッピーのお三方が打ち合わせしている様子がうかがえる。向うもわたしがいるのをわかっていて、サインを出す。このサインというのは、飛び入りのど自慢に出る人、良さそうな人を選んでおいて、指で合図してくれというものだった。もちろんこの番組のスタート時からこんなことをしていたわけでない。

　始まったころは、唄う人も少なく、ころのいいところで、あの坊や手あげてますね、といった具合で、よく唄わされるのである。いわゆるサクラというやつ。水野が「いつもの僕が恐る恐る手を上げてくれました、いつもありがとう、お名前は……今日はなに唄ってくれるんですか、えぇ〜〜『男のエレジー?』ハッピーのリーダー知ってます?」鶴さんすかさず「この子いくつなの? ほんとうに? だれにおそわったの?」てな具合でアコーデオンの鶴さんお手の物といいながら前奏を気持ちよさそうに弾く。そんな流れ。すっかりディレクターのお気に入り、なんだかレギュラーになってしまったのである。

「男のエレジー」は岡晴夫[48]の名曲で、鶴さんのストライクゾーン。いつもピンクレディとか郷ひろみなんかの伴奏で苦しんでいる鶴さんを助け、喜ばせた。このレインボー前で歌ったのは二年間で「男のエレジー」「山の吊橋」「裏町夜曲」「夕焼けとんび」「港シャンソン」「俺は野良犬」の六曲だけ。普段は手伝いで、どうしても唄う人がいないときに唄わされた。あとはCBCホールでの最終回、これはすごい厚遇だった。ＭＣの水谷ミミが[49]「飛び入りのど自慢、いよいよ最後は、雨の日も雪の日も、そして風の日も、おそらく風邪をひいていたであろうその時も毎日通い続けてくれた桜丘くん(偽名を使っていた)に唄っていただきます」

この、風邪をひいていたであろうその時も……という文句がいい。水谷ミミさん、最大級のよいしょしてくれた。ちなみにミミさん、この番組の三代目のＭＣ。四十年ぶりにお会いした。今は水谷風鱗という講談師。大須で「市馬落語集」のゲストに出て頂いた。当時の宣材写真を使った。わたしの中では昭和五十年からストップしている。「もうすぐ三十」などのレコードも出して、中部地区では、兵藤ユキ、蟹江篤子とならぶＤＪの三羽烏といわれた。

ミミさんにいわれて即興で明るく朗らかに「あこがれのハワイ航路」を唄ってこの番組は終わった。この二年間、毎日通い続けたといっても月に一、二回休んだと思う。それでも中学生の子供にはすごいスケジュールだ。親が何もいわないというのもすごいし、祖父は行かないと怒るということも、不思議な家庭だ。ハッピーのお三方は、それぞれ、錦三丁目や女子大小路あたりに店をもっていた。この当時の藝人さんは、飲食店、おもにスナックなどの店を持っていた。カラオケが世に出る少し前の頃、いやカラオケのブームが起きる頃か。「虹の色」「ゆたか」店の名前まで覚えている。

とにかく鶴さん、わたしのこと自分の息子のように可愛《かわい》がる。歌の趣味が一緒だから、ただそれだけで可愛いがられた。だから歌はすごい。サラリーマン時代、商社勤務だから、接待が続いた。

商談でどんなに苦戦を強いられても、カラオケでわたしが唄う「港町ブルース」一曲でうまくいった。じゃあ唄えばいいんだってなもんじゃない。この「港町ブルース」、この曲を淡々と五番まで唄い続ける、そして引き付ける。われながら絶品だ。もうこの男、信じるよ、仕事任せた！　といわしめる。百パーセントだ。これは聴いた人しかわからない、当たり前だが。説明できないからじれったい。「明日はいらない、今夜がほしいミナト〜港町、ブルースよ」この曲間奏がないからだれずにトントンといく。昭和の時代のカラオケスナック閉店最後の歌はこの曲と決まっていたものだ、いやわたしが決めた。談志家元の仲間で、紀伊國屋書店の田辺茂一[50]さんも酔っ払うとこの曲だった。

「お前にポスター書かせてやってもいいぞ」って酔っぱらっていわれたことがある。それでも後日、紀伊國屋に行って「田辺さんに昔いわれたので約束通り落語会のポスターの文字書かせてください」っていったら、紀伊國屋の鈴木さん、怪訝《けげん》そうな顔で戸惑っていた。

ハッピーボーイズさんに店によく招待されて、いろんな藝人さん紹介してくれた。招待といっても子供だから飲めないし、ただ店にいるだけ。

先に紹介したすっとんトリオのリーダー松田さん。この人「ゆたか」の常連。大須に来ると必ず寄った。啖呵売《たんかばい》のコント見せてくれた。変な話だが、子供にもわかりやすく、下ネタ教えてくれた。

藝人さんは酒が強い、弱いのか、どうなのか、いつも酔っぱらっていた。鶴さんもラジオの仕事ができて、お酒はすこしばかり控えるようになった。番組が終わってしばらくして、鶴さんが亡くなる。享年五十二。翌年、ハッピーボーイズ鶴信也の偲ぶ会が八月の余一で行われた。南けんじ、ダーク大和、師匠の若井けんじ、松鶴、春団治、朝丸、今のざこば、という豪華メンバー。鶴さんが話題に上るのは、これが最後だった。去る者は日々に疎《うと》しのごとく、藝人、鶴信也という小さな灯も消えていった。この数年後には、佐々木一郎、通称ピンちゃん、伊加里たけしさん、ハッピーのメンバーはみんな鶴さんと同じガンで逝った。みんな五十にならない若さだった。そういえば、毎晩の酒量は半端ではなかった。短い藝人人生のほんの少しの輝きとの代償といえるであろう。ニューハッピーズやメンバー入れ替えで、ハッピーボーイズの名は残っていたが、すぐに消えていった。鶴さんの師匠の若井はんじも四十二歳で亡くなる。相方のけんじはその後、名古屋の東海ラジオでパーソナリティなどして軽妙な話術を聞かせたがそれもわずかで終わり、東大阪の市議会議員に当選して、二期目は落選、そのあと交通事故で新聞に訃報が載った。一世を風靡《ふうび》した大阪漫才師のこれが最後の記事であった。藝人のお別れはなぜか切ないものである。

4　奇跡の記憶

はんじ・けんじあたりになると話が長くなるので、この類まれなる大阪の天才漫才師に関してはまた後程ということで、まずはマイナーな藝人さんを、いやこれは失礼しましたって謝る必要ないか。さて、わたしの中での奇跡の記憶というのがふたつばかりあって、まず忘れられないのが、加茂川ちどり・かもめ[51]の女性漫才師。中堅コンビで、角座にもよく出ていた。三番叟[52]の後、いわゆる仲入り前の、ハナから三番か四番当たりの出番。それでも贅沢はいえない、何しろ道頓堀角座だ、このあたりは寄席中継枠に入ってこないのでよほどの通の方しかご存じないであろう。大須でも二、三回来ていたが、浅い出番でもちろんわたしは見ていない。それでも印象に残っているのは、この藝名だ。

加茂川ちどり・かもめ、子供の頃、わたしは暇があれば字を書いていたらしい。大須の番組表、ひと月上中下席と番組を覚え、まず寄席文字、いや寄席文字のような字で、学校で配布される漢字ドリルに、書きまくっていた。とくに覚えやすい文字はドンドン書きなぐった。ちどり・かもめ、サンデー・マンデー、アオバ・シゲル[53]、赤井しんご・青井しんご、Aスケ・Bスケ、花園ベティ・江見領一、あひる艦隊、ジョウサンズ[54]、ラジオ・テレビ、千葉琴月連……書きまくった。かもめ・ちどりは何度も書いた覚えがある。

ある日、祖父が急に四国に行くことになり、わたしを連れて行くという。四国へは、まず大阪に早く入って少し遊んで、夜、関西汽船の船で松山あたりに入る。道後温泉に行くのが目的なのだが、この大阪に寄るのがミソで、祖父は道頓堀角座か新花月に連れて行くために、わたしを連れ出したのである。わたしにとって初めての角座だ。あの寄席中継、「道頓堀アワー」の夢の角座だ。この角座で、見たことのない、ただし名前はよ～く知っている、加茂川ちどり・かもめに出会うのである。そして、初めて見たこの角座の舞台はよく覚えている。ギター漫才で、トリネタに東京ボーイズのなぞかけ問答のような節回しで、最後の部分が「かもめちゃんは悲しい恋になく」というフレーズの繰り返し。このフレーズを今でも、時々鼻歌で歌ってしまっている自分がいるのだ。これは「奇跡の記憶」としかいいようがない。

　小学校の子供が、四十五年前の漫才のネタを覚えているということ、われながらあっぱれだ。そしていまだに、気づくと、「かもめちゃんは悲しい恋になく」と鼻歌ででるのだ。たった一度の漫才のフレーズが、四十五年たった今でも頭の中で回っているということ、くどいがこれはすごい。この漫才を見たのがこの時が最初で最後、このコンビの活動期間も三年くらいだから、やっぱり奇跡だ。コンビ別れ、再結成、くっつき合いなど大阪の漫才は、ホントに多い。ちどり・かもめも、何度とコンビ別れしたし、親が漫才師の系列、かもめは確か若井けんじの最初の奥さんだったと思う。とにかく、お会いしたら、この漫才のトリネタ、完全コピーしてやってもいいと思っている。だれも聴きたくないと思うが。

　もう一つの奇跡は、本田恵一・玉木貞子[55]のご両人。てんのじ村に住む、古老の漫才師だ。当時の評論家や好事家は、このコンビを随分追っかけたようだ。なんとなくこのコンビ名を覚えていて、これも不思議だが、とにかく漢字ドリルにどこから引っ張り出してきたのかこの名前が書いてあった。こういうオーソドックスな本名のような漫才師が当時はすごい新鮮だったから、興味があったのかもしれない。多分そうだろう。しばらくして、ＮＨＫの「昼のプレゼント」にこの漫才師が出てきたのを、偶然見てしまうのである。「昼プレ」は確かニュースの後、連続ドラマの前だから十二時十五分から四十五分、つまり学校に行っていて見られないのだが、見たという事実があるというのは、夏休みだったと推測される。この漫才師をブラウン管を通して見たこと、これは衝撃であった。このコンビは寄席に出ない、地方回りが専門、もちろんマスコミにも出ない。多分、テレビ出演はこれが最初で、二、三回何か別に企画で取上げられたと後で聞いたが、まさに貴重なこの一回を偶然見るわけだ。茶筒や薬缶を鼓に見立て、貞子の三味線で恵一が奏でる。音曲漫才だ。この貞子は竹の家喜雀の娘。ちょっとした名門。一門に後ろ面の小松まこと(56)がいる。大須にはもちろん来ないし、寄席にも出演しない、地方回り専門。先にもいったとおり、まず藝名に興味を覚え、このコンビを知るわけだ。

なにしろ普通の名前が並んでいるだけが面白いと感じたのであろう。本田恵一・玉木貞子。松鶴家でもなければ、浮世亭でもない。藝名というかありふれた本名のようなコンビだ。どこでこの名前を見つけたのか分からないが、とにかく、漢字ドリルにこの名前を書きまくった。祖父はそれを見て笑っていたであろう。

「お前知らないだろう、その藝人」といったかは定かではない。が、そんなふうに思っていたのだろう。それを夏休みかなんかに、テレビを見ていたら、突然出てきたときは、もう興奮状態であったことは覚えている。

薬缶だったかは分からないが、茶筒がたくさん並んでいて、これを自在にかき鳴らし演奏。貞子が三味線を担当する絵はいまだにわたしの頭のなかにある。時代が変われば、もちろん漫才の形も変わる。この時代は、こういう漫才、つまり音曲の漫才、俗曲や曲弾き、踊りやあとは俄《にわか》、浪曲や安木節、玉木貞子はこれが専門だった。そういう音曲を主体にした漫才が多く、わたしが大須に行っていたころの、昭和四十二年〜四十五年辺りは、ギリギリ滑り込みで間に合ったのはラッキーだった。そういえば、ラッキー幸治という藝人がいたが、今は元気だろうか。さて、この音曲漫才の本田恵一・玉木貞子を再度テレビで見るのは、ついこの間のこと、といっても十年くらい前。NHKアーカイブスでやっていた。昭和四十五年に放送された「新日本紀行」の浪花芸人横丁、これは貴重な番組だが、これを見てたまげた。内容は、団之助芸能社の団之助の事務所兼自宅でのお客様、クライアントとの商談のシーンから始まる。

第二景は、てんのじ村に住む藝人たちが麻雀を囲む風景、「それでは酸素吸入《サンソー》を」と、シャレをいいながら打つ浮世亭出羽助(57)。第三景は、その出羽助、新しい相方と旅に出るところ、団之助「それでは頼みますよ」と、声をかけ送り出すところ。旅先での新しい相方との漫才、出羽助がバイオリン片手に「王将」を一節、この舞台が大須(大須演芸場)だ。これは間違いない。舞台を降りるご両人「おさきに〜」の声の向こう側に、次の出番の寛太・寛大(58)がいる。

第四景、これがおとろしやと呼ばれた、伝説の上方藝人、佐賀家喜昇(59)がミヤコ蝶々、桂米朝の進行での和郎亭に出演するときのドキュメント、初めての出演だ。持ち時間がだんだん短くなって最後は三分に削られ、「そりゃあ殺生ですがな、それではわたしの藝、何にも出来まへん。なんとかあと三分」。なにも分からない若いディレクターに食い下がる喜昇、これを境におとろしやは、テレビに出なくなったという。そんなシーンがあって、軸は、てんのじ村に住む本田恵一・玉木貞子のひとり息子が藝人の道に行かずに、会社に就職するところを描いていく。仲間の藝人が「よかった、よかった」といいながら、みんなで簡単なお祝いをしているシーン。

「上の息子を亡くしてるから、この子はちゃんとしたところ勤めてひとり立ちしてほしいと思ってますねん。ほんまによかったです。しっかりやってほしいです」と、貞子がひと言。感極まる息子さん、二階の小さな座敷で宴会。お祝いに磯節いきましょうっていいながら三味線を弾く貞子、恵一が踊る。二階の障子に映る二人のシルエット。やらせの演出といいながら、これは貴重だ。このコンビに四十年ぶりにテレビで再会した。このビデオ撮った演藝マニアは数多くいると思う。くどいようだが、貴重だ。この番組に出てくる藝人、名前聞いただけで、生唾《なまつば》ものだ。まあ、マニアだけしか分からないと思うが……。

佐賀家喜昇・旭芳子、華井秀子[60]、立花幸福・林美津枝[61]、広田成三郎・もろた玉枝[62]、勝浦きよし・さよこ[63]、荒川芳政、荒川光子[64]、もちろん吉田茂[65]もいたかと思う。二代目の捨丸[66]は貴重だ。鼓の音調べのシーンに数分使っていた。この番組で唯一、メジャーな藝人は、平和ラッパ[67]ぐらいだろう。超売れっ子のラッパが忙しい中、てんのじ村[68]の散髪屋にタクシーでやってくるところ。ラッパはどんなに忙しくても、この散髪屋だった。この時代は、音曲漫才がまだ残っていた。漫才師も最初からの生業《なりわい》ではなく、噺家からの転向や、義太夫、浪曲、新内、民謡、俄、安来節なんというのもあった。歌舞伎の役者からの転向も多かった。もちろんしゃべくりが多数を占めているのは確かだが。

大須はこういったしゃべくり漫才を、立体漫才(69)と名付けていた。都家文雄(70)や人生幸朗(71)はボヤきだけど、風刺漫才、今のひろし・順子はやわら漫才、それ以外は東京漫才、上方漫才、新人は、フレッシュコンビ。多比良おせんは、安来漫才と付けていた。大須では仲入前あたり、決して仲後には出ない、このあたりの音曲漫才で深い出番で上がれるのは、松葉家奴(72)、喜久奴、櫻川末子・松鶴家千代八(73)くらいだったと思う。松葉家奴は、二度ほど見てるが、二回とも相方が浜お竜のときだった。お竜・奴、子供の頃、このコンビで泥鰌《どじょう》すくいを見て、うちへ帰って早速真似をしたのを覚えている。

とにかく、お竜・奴とやたら紙に書いてある。よほど気にいっていたらしい。最晩年、蟹江にある尾張温泉、いわゆるヘルスセンターの走りみたいなところに行ったとき、ポスター見たら、女道楽、浜お竜来演と書いてあり、まだ存命なのかとびっくりしたものだ。ちなみにこの尾張温泉でやっている歌謡ショーは古き実演スタイル、つい最近までフルバンドオーケストラの歌謡ショーを月四回やっていた。これはすごいことである。さすがに経費がかかる、意地でやっていたようだ。生バンドでのショーはここが最後だったのかもしれない。上京してからも、好きな番組だとわざわざこのショー三十分を聴くために行ったくらいだ。歌謡ショーがメインイベントで二時から、その前はフロアーショー、芝居あり、舞踊ショーありで、もちろんお笑いもある。東京方だと春日チエミ・章(74)の漫才、宝大判・小判(75)の兵隊漫才、当たり前だがこの分野もなくなった。ドンキーブラザーズ(76)、これは浅草野郎という親子コンビ。ギターかかえておやじは小島宏之(77)のような形、ギター漫才。

息子は仕方なくやってるような感じで痛々しい。その分おやじがカバーしてなかなか風情のある漫才をしていた。昭和五十年代最後くらいから大須の常連だったのでよく覚えている。

染千代・染団子[78]、実はこのコンビまったく記憶にない。尾張温泉は東京方が多かったように思う。そのショーに浜お竜、これは異質感たっぷりだったろう。女道楽、どんな高座だったのだろう。湯上りで、どんちゃん騒ぎの客を相手に、お竜さん、このころもう八十に手が届くころだったと思う。このお竜さんもイスに座って三味線で奴を助けた。

道和多比良も泥鰌《どじょう》すくいをやったが、こちらは全く覚えていない。珍藝を得意としたこういった漫才で常連だったのが、市川かな江・福治[79]の夫婦漫才。福治は役者の出、頭巾を頬被りしている様は記憶にある。篠笛で尺八の音を出したり、木魚片手にあほだら経、これは荒川キヨシの独壇場だが、初期の大須はこのコンビしょっちゅう出ていた。市川泰子・歌志のコンビは大須では下火になって自主興行になってから出演するようになった。このコンビは吉本の小屋で最後の音曲漫才で売った。泰子・歌志は市川福治の弟子にあたる。確かおかみさんの泰子がコンボをぶら下げて、歌志の歌に合わせる、ここも女性上位のしゃべくり音曲。師匠のかなえ・福治は、福治の珍藝をかなえの三味線が支える、いわば福治の独り舞台。

思いつくままに、河内文春・尾乃道子のコンビ、こちらも藝の幅がある、大須の全盛期から足立席亭になるまで出ていた。このころいつ行っても出ていた。ネタも覚えた。「一年を十日で暮らすいい男」、道子「だれのことやねん」、と相撲甚句から、河内音頭、花笠音頭でおしまい。全部これだった。もちろん最晩年のこと、こういう漫才は、コントラストで見せる部分が大きい。尾乃道さんはボリュームのある体格、文春はやせ形。市川泰子・歌志[80]は泰子が大柄で歌志が小粒。洋之介・喜多代[81]の身長差もいいコントラストだ。〆吉・貞奴[82]という漫才がいた。〆吉は小梅姐さん級。百キロ近くある。対する貞奴はぎすぎすのやせ形。大小コントラストに加え絶妙のしゃべくりコンビだ。このコンビは大須全盛期の常連、出番も深い。

大阪のしゃべくり女性コンビの看板は、お浜・小浜と〆吉・貞奴だった時期があった。貞奴はその昔は安来節のスターだった。姿は何とも品のいい大正ロマンの写し絵のような感じ。残念ながら〆吉のケガで人気が出たころ引退してしまった。花菱〆吉・花柳貞奴。もう一度見たい、そんな思いに駆られる藝人さんだ。音曲でいうと、あと名前が出てくるのは、五條家菊二・松枝[83]の音曲漫才。大須では義太夫漫才となっていた。義太夫、都都逸、新内というメニュー。

わたしはまったく記憶がないが、二度ほど見ている。記憶がないというか、子供にはあまりにも退屈で苦手な漫才で興味もわかなかった。但し出番は深い。おなじ音曲でも、桜山梅夫・桜津多子[84]のコンビは、わかりやすかった。やはり三味線で聴かせる櫓太鼓の音や三味線をねかせて琴の音を出す至藝、声よし三味線よしの藝達者。ところが出番が浅い。角座では頻繁に出ていた。この出番がまた浅い。三番か四番あたり、仲入り後に出たところを見たことがない。ところが楽屋内の評価は高かった。祖父に初めて角座に連れてきてもらって初めて見た藝人がこの師匠方だった。正確にいえば、ダイマルさんの娘の麻里奈々・美々の漫才の途中で入ってきたので、こっちが最初だが、フルで見たのが梅夫・津多子のご両人だった。こう見ていくとこの時代、漫才は圧倒的に上方だった。層の厚さが違う。台所漫才というこれも音曲漫才だが、これは大朝家美代子の独壇場だった。東京の音曲漫才、大須は最盛期は二〜三回出演したくらいだったが、昭和五十年後半からは一気に常連の仲間入り。台所用品を並べての三味線との合奏が、よく受けていた。相方の三味線は三枡静代[85]、こちらは三味線の大ベテラン。亡くなって、東寿美さんが入った。これはもっと後年、わたしが浅草にいたころ、漫才協団にいて、東洋館に出ていた。最晩年はオバタリアンコンビで元気に舞台を勤めていた。この東寿美さんは亡くなったダーク大和のおかみさんだ。このコンビ急にいなくなってしまった。台所漫才、やる人いないだろうか。

音曲だとあと、堤英二・よしえのコンビ。ピアニカ担当は英二、よしえの甲高い声と英二の低音のコントラスト。大須にはよく出ていたがなにしろ出番が浅い。なにか藝人の業を感じ、もの悲しくなった。子供心にもそれが分かった。齢を取ってから見たら多分目を覆っただろう。藝人って悲しくて哀れだなあと感じていたのかもしれない。わたしが知らないだけで、陽の目を見ることすらできず、藝人人生を終えていった人がたくさんいたのだろう。そういえば堤よしえは後年、ミヤコ蝶々の芝居に良く駆り出されて出ていた。蝶々のところには、やはり古株の弟子でミヤコ小蝶がいた。この人も漫才師だった。あと花柳かつこ、この人覚えている人は日本に数人だろう、浮世亭出羽助の相方を少しやった程度でいなくなった。

なぜ、わたしが知っているかというと、御園座で「夫婦善哉」の芝居を見たとき、プログラムにこの人を見つけた。写真を見て、動物的勘が働いて、すぐに御園座の図書館で経歴を調べた覚えがある。どんな藝人録を調べても出てこないし、年齢も経歴も不詳、ただ八丈竹幸が亡くなって出羽助の相方を少しだけやったことだけは分かった。謎の藝人だ。こういう不思議な人のことはなぜかよく覚えている。

上方漫才史のなかで、しゃべくりの漫才を確立し、ベストワンといえば、エンタツ・アチャコ[86]のコンビであることは間違いないところだ。それまでは紋付き、着流しという衣装で演じる古風な漫才の形をがらりと変え、背広姿に変わっていく。すべてこのコンビからだ。近代漫才の祖であるエンタツ・アチャコ。もちろん、わたしはリアルタイムでは見ていない。ただ、最晩年、このアチャコが大須の舞台に立つことになる。これははっきり覚えている。なにしろなぜ、アチャコが来たのか分からないが、他の出演者が、三遊亭圓生[87]、柳家三亀松[88]という空前絶後の番組だったこともあり、今でも鮮明に覚えている。漫談というスタイルだった。特別興行と銘打ち、いつものポスターより豪華で銀色地に金粉のようなものを散らした凝ったデザインだった。後でこのポスターを探してみよう。出てくるはずだ。アチャコは全盛期は大阪と東京を往復して仕事をこなしていた。たまに名古屋へ立ち寄る。仕事ではなく若鯱家に寄るためだ。ここはカレーうどんの発祥地。名古屋の黒川でやっている小さな汚い店。今はチェーン店を展開する企業になってしまった。カレーうどんのために名古屋で降りる、当時は有名な話だった。アチャコとカレーうどんの奇妙な取り合わせが面白い。

エンタツはリアルタイムでは間に合わなかった。このコンビ、天下をとって数年で別れる、このエンタツの新しい相方が杉浦エノスケ。[89] エンタツ・エノスケ。このエノスケは見たことがある。漫才師としてではなく、最晩年、役者として御園座の舞台で見ることになる。この人を目指していったのではなく、あとでエンタツ・エノスケの杉浦エノスケであることが分かるのである。たぶん八十を超えていたかと思う。加東大介[90]が座長の喜劇公演、なんとなく中途半端な商業演劇だった。「だんまり大将」というお芝居の脇役で出ていた。この芝居は豊田佐吉の生涯を描いた作品。役どころは、加東大介演じる主人公佐吉の父親伊吉役。序幕のみの出演だが、重要な役どころ。ただプロフィール写真も小さく、出演序列ではその他大勢の頭の香盤であった。その昔、寄席では脚光を浴びた藝人が、こんなふうにして商業演劇に使われる、こういうパターン当時、いくつもあった。前に挙げた、花柳かつこ、ミヤコ小蝶、堤よしえなどがそうだ。吉本の南喜代子も河村節子もそういう部類に入るだろう。

　花菱アチャコのほうは、エンタツと別れて、千歳家今男[91]とコンビを組む。これはあまりぱっとせず解消。この今男の弟子が千歳家今次・今若[92]のコンビ。大須の全盛期というから昭和四十年代前半までの常連。今若が昭和四十六年に亡くなっているから、いい時期に大須とぶつかった。出番は必ず仲入り前。仲後は一回もない、と記憶にあるが、このコンビまったく見たという覚えがない。上方の貴重なしゃべくり漫才だったというのを後で知る。祖父がご贔屓《ひいき》だったらしく「今次・今若はうまい」と絶賛していた。亡くなった米朝師匠もこのコンビを絶賛していた。

「今次・今若はほんわかしてて何ともいい味がありましたな」

上方漫才このころは、音楽ショー全盛で、地味なしゃべくりは苦しい。寄席でもどうしてもそっち（トリオ漫才、音楽ショーなど）にいってしまう。ハワイさんが舞台の隅から隅を駆けずり回り、タイヘイの夢路がソウルフルに浪花節をうなり、かしまし娘、フラワーショーが客席を沸かせ、左近ショー[94]は輝夫さんが三味線、左近がいいのどを聞かせれば、漫才はどうみても分が悪い。ダイマルさんあたりはいいけど、いとし・こいしやお浜・小浜では影が薄い。今次・今若なんかはもっと地味になる。全部持っていかれてしまう。それでもこのコンビは淡々と舞台を勤めた。

どの時代にもこういう藝人がいる、オーソドックスでうまいがなかなか世間では認められない人……千歳家今次・今若、米朝師匠や評論家、作家という業界の人たちの間では、評価が高かったということが救いである。

さて、あと思い出に残る藝人さんというと、やはり大阪方が多い。

大須の開場する昭和四十年代前半は圧倒的漫才は大阪方で、落語は東京であった。それでもあえて東京というと、ボクジロー・キミマチコ[95]、マチコさんはつい最近までご存命だった。エノケンのものまね漫才。大須は衰退期の出演、後年、麻布十番にある寄席に出るというのを聞きつけて出かけた。本当は、白山先生を目当てで、この時のメンバーは浪曲の太田英夫[96]、漫才のボクジロー・キミマチコ、翁家喜楽[97]、トリが白山雅一[98]。幕が閉まるたびに、司会者が解説を入れる。誰がやっていたのであろうか。かなり年配の方だったと思う。春木センバ[99]か山中雅美かどっちか。どっちでもいいのだが、こういうところがなぜか気になる。麻布十番クラブという寄席のネーミングがいい。今わたしがやってる落語会「赤坂倶楽部」は、そのまま真似て使わせてもらっている。誰も知らないと思うが。

手っ取り早く、思いでの藝人ということで、兵隊漫才、宝大判・小判。こちらは東京方、この種の漫才はもう、このコンビで消滅したといっていい。大須では昭和五十年代も終わりのころ出ていたくらい。東京バンバン、これは三味線コンビ。両方三味線は珍しい。浪花節のコンビ、片割れ先年亡くなった島津一郎。最晩年は、木馬亭にも出演していた。相方は内海突破に似た、この人も藝達者だった、名前が分からない。こちらも五十年代後半。ドンキーブラザーズ、カルテットではない、ブラザーズ。といっても親子。おやじさん浅草の古い藝人、牧たかし。倅《せがれ》を無理やり引っ張り出してきてギター漫才。息子はまだ二十歳にも届かないくらい。漫才はまるで素人。せりふ棒読み。父親のリードで何とかなっていたが、ハラハラして見ていられない。見せ場は、夜の風景を出す、おやじの演出で倅が犬の鳴き声、火の用心……。この鳴き声が妙にうまく、拍手がくる。浅間保・瀬戸圭子の漫才、これは大阪方。なかなか味のある漫才。息の長いコンビだった。マジックはベテラン、ジャグラー禎一、ファニー阿佐田、この人は大須に住み込んでいたことがある、今のアサダ二世。若戸三郎もいた。民謡の柳月三郎のこと。マジックでアダチ荘一、トヨタのエンジニアからマジシャンになった人。大阪ではシャール橋本といって弟子も大勢いた。東京のアダチ竜光の弟子でこの名前になった。今宮エビス・内海カッパ、昭和四十年代はこのコンビ輝いていた。大須演芸場からの日曜日の寄席中継「東西デラックス寄席」の司会に抜擢され大活躍。前の司会は東京二・京太。このコンビも大須の常連だった。音楽ショーでは、大浪トリオ、あひる艦隊。原たかしとプレイボーイ。勝浦ファミリートリオ、このトリオは家族編成。踊り唄三味線ギターと何でも屋の藝達者家族。勝浦きよしが座頭《ざがしら》。寄席よりヘルスセンターのようなところが活動の拠点。旅が多くそんなに寄席には出なかったようだ。

漫才では、大御所格で東五九童、相方がここもくるくる変わった。五九童・蝶子が一番ピンとくる。桜はるみ、紅田鶴子、嶋川あゆみ……来るたび違う。紅田鶴子は守住田鶴子のことで、浅田家寿郎の相方。寿郎・田鶴子。ここも大御所格で、出番は深い。モタレの前あたりに座る。機関銃のような啖呵は切れ味抜群、寿郎をやり込めると寿郎が股のあたりを押さえながら、下手のカーテンのところまでスローテンポでやってくる。また田鶴子に呼び出されて、マイクの中央辺りまで来ると田鶴子がまた小気味の良い啖呵でやりこめる、するとまた股の辺りを押さえながら、下手のところまで来る。このパターンをいまだに覚えているが、股を押さえてずるずる下手へと来る意味が子供のころ分からなかった。ただ必ず下手に来たということは鮮明に覚えている。これもどっちでもいいことだが。

しかし、こうして思い出の藝人さんのこと書いていると、随分見落としている人、いや書き残せずにいる師匠方もいるだろう。談志家元ももちろんこの辺りの藝人さんに詳しい。どちらかというとマイナーな。何かの打ち上げで、家元と正面になった。これは確か、銀座のバー「美弥」。某夕レントさんが、沖縄には漫才師がいらっしゃいますかと談志家元に質問した。わたしがすかさず「東洋小菊」といったら、家元急にご機嫌になり話しだした。

「東洋小菊は岡田ですね。岡田東洋小菊、小菊さんが沖縄の出で、蛇皮線抱えて、民族衣装で」

家元、さらに「もうひとりいたね。沖縄じゃなくて、東洋？」

わたしが「小勝です」というと、いよいよ家元のひとり舞台。独演会。打ち上げの、周りの誰も付いていけない。東洋小勝、この人、背の小さな曲藝師。大須演芸場の最後の頃出ていた。東洋朝日丸、日出丸のコンビ、浪曲ショー。売れ出してこれからというときに急逝。さっきの岡田小菊の師匠が松葉家奴。この人も大阪藝人のなかでは奇人で有名。もう一人の奴は三人奴。塚本奴。吉本の大看板。あの若い客が中心の花月で、太棹三味線で正当な音曲漫才を聴かせる。「葛の葉」「お里沢一」などは至藝。松葉家奴は、魚釣りの藝が十八番。音曲漫才なら五條家菊二のほうが上だと家元。菊二の相方は五條家若二、わたしは知らない。浮世亭歌麿、それから女房だれだっけ？　五條家松枝[100]、そのあとがあれだろう？　京はる子、先先代の片男波親方のカミさんにおさまった人。京はる子[101]の弟子が、今の若葉トリオ[102]、今のって、もうみんな亡くなっているかもしれない。家元もわたしも時間が止まってしまっている。天勝だと大阪はワンダー天勝[103]というのがいたねと家元。香島ラッキー[104]というのはどうしてると訊かれて、もう四十年前に亡くなりましたというしかなかった。ラッキー島津[105]なら知ってますといったら、家元、ルーキー清二[106]って知ってるか？　ルーキー新一の相方ですが、知りませんと答えるしかなく、確か事故で死んだんだ、バイクだったかスクーターだったか。ゼンジー北京[107]が知ってるらしいと。この人の師匠がゼンジー中村[108]。上方漫才は誰がなんといおうがダイマル・ラケット[109]にとどめを刺すというのが、いつも家元とこの辺りの話をしていての落ちである。あのいとし・こいしが上方漫才の最高峰であるならば、ダイラケはその最高峰を空から眺める存在だと、とにかく次元が違うとよくいっていた。小学生の頃、大須でダイラケがトリを取る夜、大須の裏にあるタヌキ山公園に行って、楽屋裏で漫才を聴きに漫才の声はかすかにしか聞こえてこないが、客席の笑い声はほんとうに数秒、途切れることなく続く、うなり声のような爆笑が続いた。追い出しの太鼓が聞こえると走って、演芸場に行って、帰路のお客の顔を眺《なが》めていた。誰もが楽しそうな満足げな顔で帰っていく。こういう様子を見て、もしかしたら寄席をやりたいと思ったのかもしれない。

　ダイマル・ラケット、いとし・こいしとくれば、あとは大御所はＡスケ・Ｂスケ[110]である。この世代で一番先に売れたのがこのコンビ。上方漫才史のなかで、このＡスケ・Ｂスケ時代が確かにあったが、なにしろ仲が悪い。漫才コンビの仲の悪さの代表格といってもいい。そのせいで、ネタが増えない。いつでも同じネタばかり。大須の出演回数は幹部連ではダントツである。大須の初代の経営者の樋口さんが、寄席経営としてはまるで素人、開業当時は大阪に行って漫才作家というか上方漫才の父といわれた秋田實に顔付けを依頼していた。秋田先生もそんな時間もないので、後年は弟子の足立克己さんや柴田信子女史に教えを請うていた。その柴田女史は、毎回プログラムの解説をしていた。これも難儀な仕事だったと思う。Ａスケ・Ｂスケご両人の師匠が秋田實。その関係だったか、定かではないが、とにかくよく出ていた。何周年とか何かの記念とか、晩年は、正月興行はこのコンビが必ずトリをとっていた。Ａスケ・Ｂスケ全盛の頃の漫才を聴いてみたかった。実はこのコンビ、わたしの贔屓《ひいき》で、談志家元とよくコンビの話をした。結論は「わたしは生理的にＡＢは駄目だ」といっていた。

晩年、正月公演を見に行くと、あれだけお客が入らない大須でも三が日は客席はなんとかさまになっていた。もうこの頃はＡスケ・Ｂスケといっても客席のほとんどが知らない。それで漫才の出だしは「うちらも昔は売れてましたんですよ、漫才学校でガッポガッポで、ええ時代でした。今はあきません。今の若い漫才にはついていけません」。

もちろん、お二人ともスーツ姿だが、色違いで、同色のスーツ姿を一度も見たことがなかった。不仲が舞台でもよく分かったものだ。売店のおじさんが「あしたＢスケ師匠、用事があるからお休みですよ。Ａスケ師匠は温泉に行くらしいです」と、いっていた。席亭も、スケジュールの打ち合わせ別々にやらなくてはいけないみたいで、苦労したらしい。どうあれ、このコンビは最後まで大須に出続けた。昔のプライドかなぐり捨てて、大阪では余興もこなした。一度、三重県の伊勢市で公演があって、柳家喬太郎師匠から丁寧なメールを頂いて、驚いた。わたしがＡＢのファンだったのを知っていてくれていた。

「きょうはＡスケ・Ｂスケ師匠とご一緒させていただいております」

この日のことはいまだに忘れられない。上方演芸会に久しぶりに出演して、大池あきら作「現代おとぎ話」を聴いたのが最後になった。掛け合いが時代とかなりずれていて面白くなかったのを覚えている。Ａスケ・Ｂスケの極めつけ十八番「お笑いのど自慢」になるとさすがに手堅く、売れているころを彷彿《ほうふつ》とさせる絶妙の掛け合いがあったが、何しろネタが一つ二つでは売れない。

第二章　大入りの大須演芸場

1　懐かしの時代

大須の全盛期を昭和四十一年十月の開業から、四十五年辺りまでとみて、このおよそ五年間、いわゆる足立席亭にバトンタッチするまで、この時期は立ち見が出るほど賑《にぎ》わいをみせた。テレビ中継「東西デラックス寄席」もあり、名古屋の定席ここにありという存在感を見せつけていた。座組が日本一といって、そんな贅沢《ぜいたく》なメンバーを集めていた。なにしろ東京と大阪の中間に立地してい て、藝人を集めやすかった。基本的に東京から落語を二本、大阪から漫才の売れっ子を集めた。顔付けはどちらかというと大阪風、角座版だ。仲入り前十組仲入り後五組。一芝居十五枠。この十五枠を埋める作業、東京の落語と色物、大阪は松竹中心に吉本系やそのほか、この顔付けは素人ではできない。樋口さんには難しい。亡くなったミナト座の経営者、銀カップの樋口さん、この人、銀のカップで酒を飲むことで知られた遊び人。この人が亡くなって、娘の君子さんが跡を引き継ぐ。お金はその頃あったので、贅沢《ぜいたく》に藝人は呼べるが、その知識がないので、どうしても秋田實先生にお伺いを立て、先生の指示に従って番組を作る。東西合同なので、ちょうど角座の松竹名人会のような番組になった。角座の松竹名人会は、東京から落語が六本くらい入る。大阪方はベストメンバーで挑む、東西の顔見世興行だ。落語は東京、漫才は大阪という完璧な番組で、超一流の番組といってもいい。それにしても大須の番組枠を組むのには贅沢な苦労であったに違いない。どの芝居も東西合同の充実した公演で、今当時のプログラムを見ても壮観この上ない。

角座　松竹名人会のプログラム昭和三十五年

落語　三遊亭金平
漫才　東文章・こま代
落語　古今亭朝太(古今亭志ん朝のこと)
腹話術　川上のぼる
漫才　京はる子・五条家菊二
漫才　平和ラッパ・日佐丸
落語　桂小文治

漫才　三遊亭小円・木村栄子
落語　古今亭志ん生
　　（仲入り）
漫才　松葉家奴・喜久奴
落語　桂文楽
浪漫　タイヘイトリオ
落語　三遊亭金馬
漫才　中田ダイマル・ラケット

この全盛期に大須に来たメンバーを見てみると、

漫才
いとし・こいし、Aスケ・Bスケ、千夜・一夜、捨丸・春代、てんや・わんや、桂子・好江、英二・喜美江、ぴん助・美代鶴、トップ・ライト、天才・秀才、羊容・由起江、右楽・左楽、Wけんじ、伸・ハワイ、唄子・啓助、ワカサ・ひろし、ぼん・はやと、人形お鯉、お浜・小浜、千代八・末子、洋介・喜多代、五九童・田鶴子、ヒット・ますみ、はるお・あきお、うれし・たのし、柳次・柳太、奴・喜久奴、Wヤング、コント55号、サンプク・メチャコ。

歌謡漫談・色物

柳家三亀松、滝の家鯉香、桜井長一郎、白山雅一、トリオ・ザ・パンチ、天兵トリオ、ナンセンストリオ、前田勝之助、岡田宗子、川上のぼると大阪やローズ、シャンバロー、ミュージカルボーイズ、三増紋也、小野栄一、トニー谷、ルーキー新一、トリオ・ザ・スカイライン、すっとんトリオ、玉川スミ、タイヘイトリオ、フラワーショー、宮川左近ショー、てんぷくトリオ、小島宏之とダイナブラザーズ、ぴんぼけトリオ、灘康次とモダンカンカン、大浪トリオ、神ブラザーズ、三人奴、あひる艦隊、チャンバラトリオ、かしまし娘、若葉トリオ、Hフォンタクト、花菱アチャコ、先代黒田幸子、ジョウサンズ、勝浦ファミリー、グリーンシスターズ……。

これが主な出演者。これに知る人ぞ知る、伝説的藝人さん、マイナーな人々をすべて含めて、落語協会、芸術協会、上方の噺家さんを足して、ごった煮にして、番組が作られるから、プログラムは壮観だ。何度もいうが、名古屋は東京と大阪の中間地点だから、東西合同の顔合わせは日本で唯一で、寄席番組のナンバーワンといっても良かった。ただし、開業からの昭和四十年から四十三年あたりの最盛期のみ、このあたりの番付はすごいとしかいいようがない。どうしてこれだけ集められたのか、十日間しばられるから藝人さんも大変だったろう。よく来てくれたという感じだ。

祖父はこの昭和四十年十月から翌年くらいまでは、全番組を観ていた。手を引かれ訳も分からず、何度も大須演芸場の木戸をくぐった。いまだに独特の匂いを覚えている。そのうち、わたしのほうがのめりこんでいく。プログラムを必死になって集め始めた。行けないときは、客が落としていったプログラムを拾いに行った。水に濡れた汚いものもあった。玄関の脇にあるゴミ置き場もあさった。必ずプログラムやポスターなどが出てくる。小学生の子供がゴミをあさる、そのさまはおかしすぎる。まさに執念だ。とはいっても新しいポスターがほしい。三色刷りの味わいのあるポスターだった。なかなか手に入らない。祖父にねだって、演芸場の支配人に譲ってもらった。昭和四十一年から四十二年ころのものが多くある。汗と涙の結晶だ。

このころの東京の噺家はすべて把握《はあく》していた。把握というのは顔と名前が結びついて、すべての噺家の藝名が書けるという状態にあった。さすがに大阪の藝人さんたちは難しい。大須に来るたびに、覚えていくしかなかった。七歳のころだ。祖父は古典藝能、あらゆる種類の藝事に関しては、一通り教えてくれた。教え方がうまいし、興味を持つように話してくれた。誰も知らないところに気を遣うものだということが、わたしに興味を覚えさせるためのキーワードだった。

昭和四十一年からの一年間が一番人生で中身の濃い時間になった。そして、昭和四十三年あたりから、わたしはひとり立ちするようになった。このひとり立ちというのは、ひとりで演芸場や御園座に行くという体験をし始めることで、さすがに木戸できっぷを買うまでは祖父がやってくれた。祖父は七十二歳になっていた。八十三歳で亡くなるまで、写真師という仕事の現役をほぼ通した。

これからお見せする大須のプログラムは、まだ祖父に連れて行ってもらった番組で、大袈裟《おおげさ》にいえば、祖父とわたしの汗と涙の結晶なのである。アトランダムに見てもらう。このころわたしは、七歳。とても感想などは記していないが、学校で配布されるドリルには、わたし自身がなんとか解読できる鑑賞記録のようなものがあるので、それを頼りに綴っていきたい。われながら、この資料は貴重である。このての時代のものは、大阪、東京にはいくらでもあるが、名古屋という都会の田舎、好事家《こうずか》がいないので、とくに大須の資料がないのである。二代目の足立席亭にも「そんなもの知らん」と、一喝されたくらいだ。樋口さんにしても、足立さんにしても、この世界にぞっこんというわけではない。このころ寄席が好きだったという人もごくわずかしかいない。大阪に、このあたりのことには詳しい上舞さんがいるが、今どうしているのかなあ。

昭和四十二年一月　初席　東西爆笑顔見世

番組
大空ひろし・みつる
大津おせん・道和多比良
桂好太郎
大浪トリオ
山崎正路・雪路
春風亭柳昇

灘康次とモダンカンカン
（仲入り）
青空千夜・一夜
黒田幸子ショー
宮田羊容・布地由起江
桂枝太郎
夢路いとし・喜味こいし
柳家三亀松

ひろし・みつる(1)は当時、三番叟《さんばそう》専門。東京漫才の若手だ。大須はこの出番が多かった。道和多比良・大津おせんも上がりはごく浅い。安来漫才でこういう珍藝をやる漫才は貴重だった。このコンビもよく来ていた。

桂好太郎(2)は先年、亡くなった桂圓枝のことで、もちろん師匠のお共。大浪トリオ、この大浪トリオがまたややこしい、たしか、親方は大浪弘士、かみさんの銀子と竜士の三人組の音楽ショー。のちに息子やマコを入れて、スリーなんとかという歌謡ショーになったのだが、大浪トリオという名前を使ったのが、一年くらいだったと思うから、この名前で出たのは、貴重だということになる。

山崎正路・雪路(3)の歌謡漫才の後、柳昇(4)師匠がいるのが嬉しくなる。この師匠も後々、大須の常連になる。灘さん[5]は今やボーイズの生き残り、いや大看板。このころはまだ三十代で威勢のいいころ。それにしても若くして仲入りを勤めている。

食いつきは、贅沢に青空千夜・一夜[6]のご両人。東京漫才はてんや・わんや[7]、桂子・好江[8]、Wけんじに千一といわゆる不動の四天王。天才・秀才[9]もピーチク・パーチク[10]もはるお・あきお[11]も鶴夫・亀夫[12]も、もちろんトップ・ライト[13]もいたが、この四組が四天王。Wけんじの宮城さんが「今、東京漫才は関西に対抗するべく、頑張っております。この四組で引っ張ってまいりますので、どうかご贔屓《ひいき》よろしくお願いします」と、後年の大須の舞台で語っているのを確かに聴いた。

どうあれ、わたしの好みは、子供のころからこのコンビが一番好きだった。好き嫌いはどうしても仕方がない。てんや・わんやは最後まで好きになれなかった。

黒田幸子一座[14]は大須の常連だ。民謡お国自慢。晩年はアコーデオンが入ったが、このころは三味線太鼓に前歌の構成。先代の幸子師匠は浅草でお世話になった、二代目も気さくな方だった。この一行は、大須では必ず仲入り後の深い出番だ。わたしの同級生がやっている民謡酒場によく来ていた。ご存じ、宮田羊容・布地由起江[15]のコンビ。由起江はふじゆきえ先生のこと。美魔女という言葉が今あるが、この人、昔からほんとに美しくきれいで、昔から若かった。なんでこんなところ（寄席）にいるんだろうとさえ思ったものだ。羊容・由起江の漫才はレコードにも収められているので、ご存じの方も多いだろう。当時は、オーケストラ入りで、オペラ漫才。気品のある漫才だ。羊容さん、チャップリンのようなかたちで、下手のカーテンを器用に使いながら、パントマイムのような動きをする絵がわたしの子供の記憶にある。そして、枝太郎[16]師匠にめくりが変わる。拍手がパラパラ。ほんとうに少ないのだ。知名度も人気もない。およそ藝人らしからぬ、退官した大学の名誉教授のような風貌。自作のスケッチ風の落語、新作落語だが、これがバカ受け。一席終わっての拍手の多いこと。随分この師匠の新作をここで聴いてることになるのだが、記憶にない。それでもあの軽い口調は耳に残っている。とにかく大須で特別興行などというときには、枝太郎師匠と三亀松師匠だった。わたしの脳裏に枝太郎恐るべしがインプットされた。落語枠では、この師匠と痴楽師匠が大須の支柱であった。やはり大須は芸協が圧倒していた。いや大須のお客との相性が良かったのだろう。

　いよいよモタレは、いとし・こいし。弟子を取らない、トリを取らない、天下のいとし・こいしだ。このころの松竹は音楽ショー全盛、しゃべくりはどうしても目立たない。そんな中で、このおふたりは正当派しゃべくり一本で勝負してきた。大須でもやはりこの出番だった。頑として、この位置はキープしていた。面白いもので、ライバルのダイラケが来るとこちらはトリが指定される。本当に対照的なコンビだ。そして、いよいよトリは、柳家三亀松、三味線漫談、いや粋曲漫談、大看板の見出しは粋曲漫談となっていた。三亀松師匠の高座は、背景が三亀松師匠専用のものだった。柳に橋、流れる川、街灯が小さくひとつ、夜の風景絵。八歳の子供がよく覚えているものだ。内容は子供にはわかるはずないが、それでもあの独特の口調は覚えがある。助平なお爺さんという印象。もちろん立ち高座。お正月は亡くなるまで、この師匠が来ていた。

道和多比良をどうわたらいと呼んでいた。正しくは、みちはたいら。前半は何も覚えていない。お正月ということで途中入場、もちろん、立ち見。一回目の終演から椅子に座るが、祖父は用事で帰るので、ひとりで観劇。座高が低いので、見上げるように舞台を見る。大須ういろの提灯がまぶしい。二回目のみつる・ひろしから。仲入りでアイスクリームと甘栗を販売、お爺さんが客席を回って売る。お爺さん、目の動きがいい。ひとりでやっている、大変だ。この間、売店が留守になる。これがおかしい。仲入り後の枝太郎師匠には反応する。落語家らしくないお爺さんが登場。苦痛の何ものでもない。それに比べてというわけだか、客席が大受け。この日一番の盛り上がりだったのだろう。あとは、羊容の動きと由起江師匠の美貌に、うっとり。寄席での初恋の人だ。三亀松師匠のとき、背景が変わった。きれいで驚いた。いとし・こいし、千夜・一夜より、こういうところに興味を持つようになる。二回目終了で帰る。後半はひとりで観劇、怖かった。ポスターを支配人から貰う。うれしくて、うれしくて、学校に持っていったが、友達は何の反応もなし。

昭和四十一年十二月下席

柳サンデー・マンデー
北ひろし・南順子
三笑亭可勇

青空はるお・あきお
花園ベティ・江美領一
森井良太郎とあひる艦隊
（仲入り）
三音英次一行
一輪亭花蝶・松原勝美
市川かな江・福治
古今亭今輔
第四回とんち笑学校
松之助・小春団治・ひな子
我太呂・文紅・小米・朝丸
司会　米紫

これは珍しい番組だ。年の暮れ三十日までの興行。三十一日は新春公演準備のため休演とある。サンデー・マンデーは大阪方。サンデーは横山東六門下、マンデーは三遊亭柳枝門下。コンビ解散後にマンデーはやなぎ浩二の藝名で吉本新喜劇ではなくてはならぬ脇役として活躍する。ひろし・順子はこのころ、若手のバリバリ。ご存知やわら漫才。下げで順子ママがひろし先生を投げ飛ばす、そんな元気なころ。大須の楽屋では若いころから、順子姐さん、後年はなぜか若手からは順子ママと呼ばれていた。

可勇は、今の可楽[17]師匠のこと。はるお・あきおは売れ始める前のころ。

次がベティ領一の歌謡漫才。領一は西川ヒノデの実弟、カマキリの愛称で中堅どころで活躍した。大須の常連でもあった。仲入りはあひる艦隊。リーダーの森井良太郎は新栄町(名古屋)の出身。近くに大宝館というキャバレーがあって、以前は確かここの専属バンドマンだった。

三音、これはみつねと呼ぶ。三音英次[18]、プログラムには正調河内音頭とある。「釜ケ崎人情」「釜ケ崎人生」というヒット曲がある。

モタレは珍しいベテランコンビが二組並ぶ。大阪では、最後の仁輪加《にわか》漫才、一輪亭花蝶・松原勝美[19]のコンビ。花蝶はもちろん大阪仁輪加の一輪亭花咲(二代目)の弟子。松原勝美は角座の裏方の、いわゆる楽屋の方のお茶子の松原くらさんのご亭主。くらさんは大阪の藝人さんの間では知らない人がいないくらいの伝説のお茶子。表のお茶子は小川好子さん、この人は生で見たことがある。祖父の解説付きで角座に行ったときだ。昭和四十二年に、おふたりとも亡くなっているので、大須の出演はこれ一回きり。ギリギリ間に合った。

お次は、市川かな江・福治の夫婦漫才、といってもほぼ福治のひとり舞台をかな江が三味線で助ける、諸藝に精通してるから、音曲漫才のお手本のような藝。子供にはわからないはずだが、このコンビだけはうっすらとではあるが、記憶にある。

トリは珍しく落語で、古今亭今輔[20]。わたしが初めて落語という藝能を知った人だ。今輔、痴楽の真似をよくやって遊んだ。もちろん相手をしてくれる友達はいなかった。大喜利がこれにつくサービス。とんち笑学校、メンバーがすごい。松之助[21]師匠が座頭で、司会が前の米紫[22]師匠。小春団治[23]は亡くなった露の五郎、我太呂[24]は文我師匠。この師匠、一度、名古屋の含笑長屋の暮れの定例会で、新幹線の中で爆睡して浜松で気が付き、浜松から下りで名古屋に慌てて引き返してきて、林家の後に上がったのを覚えている。逸話の多い師匠だった。

小米[25]はもちろん枝雀師匠のこと。朝丸[26]は今のざこば師匠。紅一点は吾妻ひな子[27]師匠。文我師匠の顔に墨がめちゃめちゃに書かれているさまは覚えがある。年の暮れといいながら、贅沢だった。

祖父は音曲漫才が好きだった。

漫才は松竹、落語は東京しか認めなかった。文楽、志ん生、金馬、圓生、正蔵、三木助、小さん、柳枝、馬生というところを聴きまくっていた。こういう江戸前の落語をなぜかわたしには教えてくれなかった。まだ早いと思ったのか、難しいと思ったのか、それは分からないが、寄席の楽しみ方を上方漫才をベースに教えてくれた。角座に連れて行ってくれたときは、まずお茶子を見ろという。落語の時、毛氈《もうせん》を引き、見台を出す。その捌《さば》きをよく見ておけといった。プロといいながら、さすがにこれが素早い。この時のお茶子が道頓堀アワーで見るお茶子の小川好子さんだった。このお茶子の前掛けを見ろといった。松鶴[28]師匠の出番のときだった。松鶴と書かれた前掛けだった。噺家によって、これを変えるという。楽屋内にも専門のお茶子がいて、その人が、漫才の松原勝美さんの奥さんだという。松原くらさん、通称、おくらのおばさん。この人は楽屋専門。前座さんの仕事すべてこなす。着物のたたみ方は、絶品。どうしてそういうところを祖父は知っていたのだろう。このプログラムを見て、一輪亭花蝶・松原勝美のコンビを見つけて無性に、このことを思い出した。

昭和四十一年五月中席

北ひろし・南順子
浮世亭出羽助・八丈竹幸
桂欣治
青空うれし・たのし
松旭斉晃洋とマジックカーペット
流行亭歌麿・やちよ
滝の家鯉香
（仲入り）
笹山タンバ・秋月ルンバ
砂川捨丸・中村春代
桂小文治

横山ホットブラザーズ

相変わらず三番叟は、ひろし・順子。二番目に浮世亭出羽助が登場。洋服を着て、バイオリン片手に八丈竹幸とコンビを組んでの歌謡漫才。洋服を着て洋楽器を持った日本で最初の漫才師でもある。

NHKに貴重な出羽助の高座が残っている。「吹けば飛ぶような将棋の駒に〜」と、唄う、出羽助。これは大須の高座だ。相方も青柳かねこだから最晩年である。

桂欣治は、今の文生[29]師匠。

うれし・たのし[30]は、ご当地ではおなじみ。売れ出すころか。マジックは、大阪方の晃洋[31]。マジックはこの人の独壇場。ゼンジー中村が病気がちで、大須に来なかったので、ジャグラー禎一かこの人ということになる。ゼンジー中村は、名前の通りゼンジー北京の師匠。

流行亭歌麿・やちよ[32]の漫才。これは覚えていない。たしか歌麿が三味線持っての歌謡漫才。相方のやちよは永田キング[33]の実姉。永田キング、よく談志家元が話していた野球コントの永田キング。知るわけがない。滝の家鯉香[34]、なぜかこの人の扱いが大須では格段に良い。仲入りを三味線漫談で締める。大須だけだろう。仲入り後はタンバ・ルンバの親子漫才。この当時、あれば必ず人間国宝になっていたはずの捨丸・春代[35]の登場となる。捨丸のあのとぼけ具合と春代の掛け合い、何度聴いても、おかしい。都々逸の文句並べ、絶妙の息と間で、笑わせる。

「なんと器用ないざりのオナラ、砂と小石をより分ける」あのかすれた捨丸の声に、春代が「きたないな〜」「かわいそうだよズボンのオナラ、右と左に泣き別れ」と、捨丸には、春代が「やかましいわ！」。この息と間、どう説明していいか、あの漫才もネタがほぼ同じ、せいぜい三本のはずだ。それでも最後までおかしかった。春代師匠が捨丸先生の頭をハリセン扇ではたく。いつも同じところに命中させる。トリネタは、十八番の舞い込み。鼓片手に踊る捨丸。思い出しただけで吹き出しそうになる。あまりにもばかばかしいが、まさに至藝の極地といってもいい。テレビでも何度と見た。この画像がない。亡くなる一週間前の引退興行の神戸国際劇場での絵が残っているだけだ。まことに残念である。あの舞い込み、一度誰かに教えてやってもらいたい。噺家さんでもいいが、やれる人はいないだろうか。

ヒザが小文治[36]師匠。この人の記憶がわたしにはかなりある。一席終わって踊るあのシーンだ。着物の裾をつまんで踊る「姐さん」踊りのお終いに、口をとがらせて、キスをしてみせる、あの絵がわたしのなかにある。落語はまったく覚えていない。ただこの人の高座の時に客席にいたというだけだが、わたしとしてはなんだかうれしい。小文治師匠亡くなったのが、確か四十一年十一月だから、亡くなる半年前ということになる。漫才は大阪、落語は東京といっていた祖父も小文治をはじめ、今輔や圓馬[37]という大須の常連に対しては厳しかったというより興味がないようであった。祖父は芸協が苦手であったと想像する。わたしに一切、教えてくれなかった。大須の余一も、圓生、正蔵、小さん、馬生なら行ったみたいだ。そのプログラムしか残っていない。そういえば、文楽も来ていた。この余一会はすごいメンバーだった。わたしは痴楽、今輔、枝太郎専門でこの余一には連れて行ってもらえなかった。文楽、圓生、正蔵、小さん、圓蔵、志ん朝、小三治、圓窓あたりがこの余一の常連、七本の豪華落語会。ここに柳橋とか今輔、圓馬、枝太郎、米丸という芸協組や歌奴、金馬、三平、圓鏡なんという売れっ子噺家が入ってくると、関山和夫先生同様、「あれはいただけません」と、いっていたのであろう。これも推測であるが…、いや多分、そうだろう。わたしの落語の恩師関山和夫は、この大須のプログラムを営利主義だと罵倒《ばとう》していた。この落語という古典藝能を勉強もしないで、金儲けに走る大須のやり方を真っ向から否定していた。この当時の大須に対する関山先生の忠告、注文は、新聞コラムでも掲載され話題になった。このことは、また後でお話しすることに。

昭和四十一年五月上席　特別興行(一日~四日、五百円　五日~十日、六百円)

横山やすし・西川きよし
柳家小三亀
桂小春
プレイボーイ
南けんじ・篠あきら

白川珍児・美山なおみ
灘康次とモダンカンカン
（仲入り）
Hフォンタクト
Wけんじ（5・6）
青空千夜・一夜（8・9）
三遊亭小円馬
平和ラッパ・日佐丸
コロムビアトップ・ライト（6〜9）
柳家三亀松

この番組はメジャーすぎて、面白くない。ゴールデンウイークなのに、よく集めたものだ。この時期、さすがに売れっ子は十日間というのは難しい。注目は、やすきよの大須デビューであること。もちろん、三番叟の出番。小三亀[38]は小三亀松で亡くなった三亀松の弟子。名古屋在住で名古屋ではおなじみ。

南けんじ[39]は歌謡漫才で條あきらとのコンビ。大須はこのコンビはうけまくった。白川珍児・美山なおみのコンビも懐かしい。大須の常連だったコンビ。

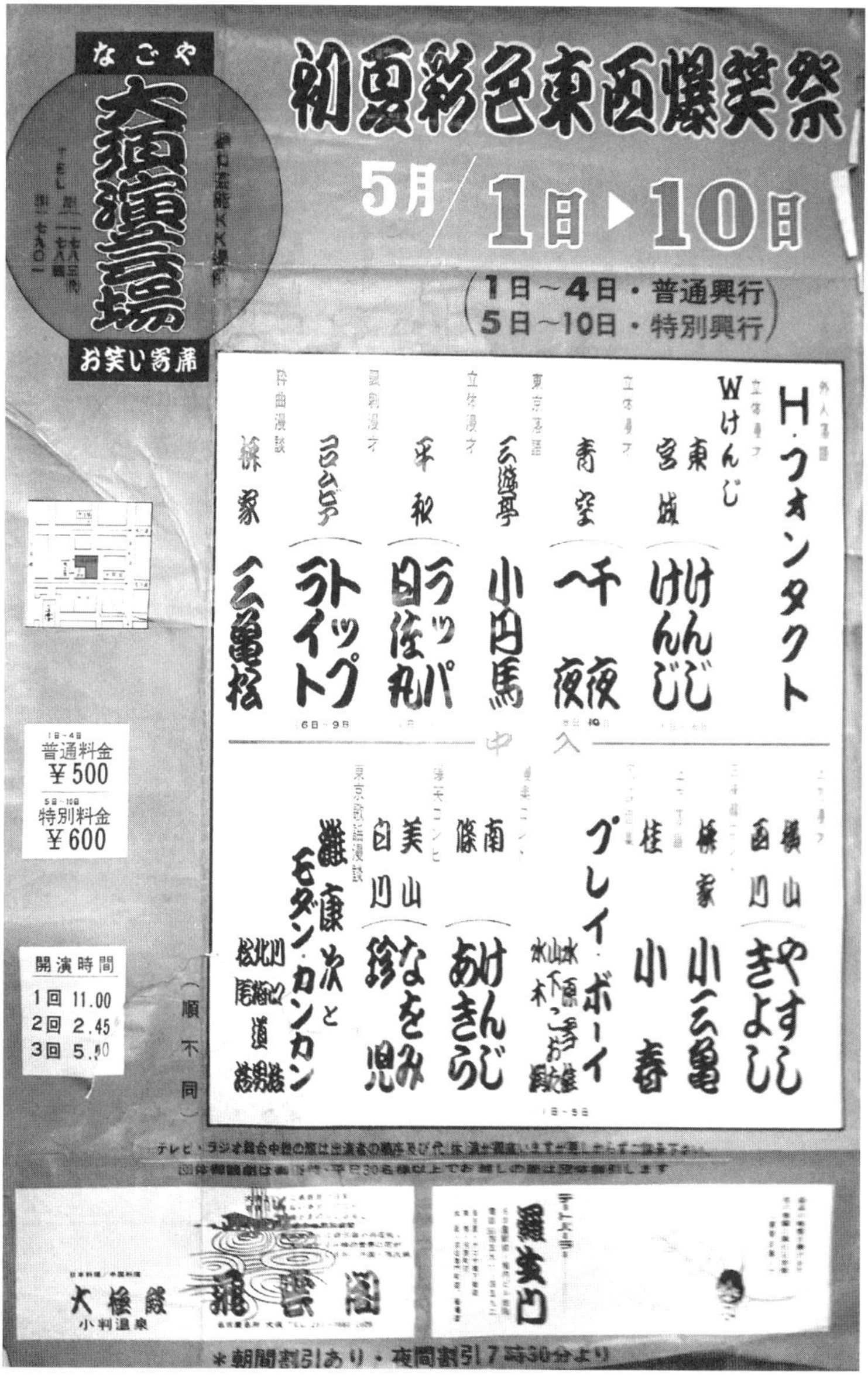
なごや
大須演芸場
お笑い寄席
初夏彩色東西爆笑祭
5月/1日▶10日
1日～4日・普通興行
5日～10日・特別興行
H・フォンタクト
Wけんじ
東けんじ
宮城けんじ
青空千夜
一夜
三遊亭小円馬
平和ラッパ
日佐丸
コロムビアトップ
ライト
林家三亀松
中入
横山やすし
西川きよし
桂小春
プレイ・ボーイ
美山なを
白川珍児
順不同
普通料金
¥500
特別料金
¥600
開演時間
1回 11.00
2回 2.45
＊朝間割引あり・夜間割引7時30分より

フォンタクトは、ドイツ漫談。この人は実に怪しい藝人だ。口パーカッションでギターの柄の部分を手の甲でバンバン叩いて、演奏する。ただそれだけ。着物を着て座り、高座前に釈台、今となっては懐かしい。こういう不思議な藝人が今はいなくなった。

この番組は、何度か通ったと思う。仲入りのアイス最中、よく売れた。子供だから座高が低いので、前の方のど真ん中の席、もう見上げるように高座に集中した。南けんじ師匠の頭の大きさに笑ったものだ。よく覚えている。

昭和四十一年九月下席

河内文春・尾乃道子
森山みつる・三田マサル
翠みちよ
タイヘイ歌夫・洋子
ハッピーボーイズ
笹山タンバ・秋月ルンバ
島田洋介・今喜多代
（仲入り）

一陽斉正一
新山ノリロ・トリロー
東五九童・桜はるみ
京唄子・鳳啓助

この番組は楽しい。開口一番の文春・道子、このコンビも古い、昭和五十年代後半から六十年の始め頃まで大須では楽屋泊まりで頑張っていた。藝人人生の最後の期間を大須にささげたといっていいだろう。

森山みつる・三田マサルのコンビはこの芝居には、必ず入ってくる。森山みつるは、鳳啓助の実弟、志織満助のことで、相方の三田マサル、この人は確か、京唄子の前の旦那。ややこしい。コンビは一年くらいで解消しているので、貴重。翠みちよ(40)も懐かしい。この人、元祖女性声帯模写藝人といっていい。美空ひばりの物まねで名を馳せる。こちらは今の福団治師匠のおかみさんである。タイヘイ歌夫・洋子の歌謡漫才。タイヘイ一門の総領弟子。弟弟子にレッツゴー三匹、サブロー・シローがいる。

ハッピーボーイズは、名古屋在住の歌謡漫談トリオ。名古屋では知名度が高い。後年、のど自慢番組で、お世話になった。全員五十代の若さで亡くなった。この三人、だれもいないという現実、もう四十年たった今でも信じられない。自分の息子のようにかわいがってもらったので、その思いは強い。タンバ・ルンバの親子コンビ。タンバは夢乃タンゴとのコンビが一番輝いていた。夢乃タンゴはお笑いオンステージで、一躍スターダムにのぼった西川ひかるとのコンビが一番売れた。この時代はコンビ解消、さらに新コンビ結成、そのまま廃業というパターンが多かった。

仲入りは、今喜多代・島田陽介の夫婦コンビ。この漫才のスタイルは、大阪の夫婦コンビに受け継がれているいわば伝統藝。大助・花子[41]が受け継いでいる。東京ではコンビ別れした遊平・かほり[42]がこのパターンを受け継いでいたが、かほりが動かないので、今ひとつ受けなかった。喜多代師匠は縦にも横にも動いた。身長差のコントラストもいい。談志家元の落語に登場する長屋のおかみさんはこの喜多代さんがモデルだ。今喜多代、まぎれもない大阪の天才女藝人のひとりである。浅草にいる頃、玉川スミ師匠と昔の話をよく聞かせてもらった。ミスワカナの晩年の頃の話をしていたときによく岡田清子の悪口をいっていた。

「岡田清子ってまだ生きているの？」

当時、ライバルだった岡田清子という藝人、初めのうち誰のことか分からなかったが、諸々《もろもろ》質問したりしながら、聞いているうちに、今喜多代師匠だということが分かった。わたしが、まだ「ご存命ですよ」と、いうと、なんとも懐かしそうな、会いたそうな顔をしたのが印象的だった。

マジックは一陽斉正一[43]。角座の番組にはいつも出ていたような気がする。この分野は、ゼンジー中村と晃洋のマジックカーペットくらいではなかったろうか。個人的にはマジックがなぜか嫌いな子供だった。マジックが休憩タイムだった。

トリロー・ノリロー[44]はこのころが絶頂期。ヒザが大ベテラン東五九童[45]・桜はるみ。記憶としてはまったりとした話し方と舞台衣装、着物姿、袴だったようなモンペのようなものだったか、その立ち姿にかすかな印象がある。五九童は相方を何度も替えている。妻の蝶子、香島ラッキー、ラッキーセブンのラッキー。そのあと、桜はるみ、島川あゆみ、紅田鶴子、結局、最後は、蝶子と再コンビ。この蝶子さん、なかなかの策士で、角座のお茶子さんを実入りがいいからというので、吉本に引っ張ったりした。そういう切り回しがうまい人だということを聞いたことがある。五九童師匠は、大阪では大看板。テレビではワンダフルばあちゃんで人気が出た。トリはお馴染み、鳳啓助・京唄子のコンビ。人気絶頂。よく十日間出られたと感心する。おもろい夫婦は四十四年スタートだから、漫才師としては脂ののっている時期だ。ここに岡田喜代子という弟子がいて、面白い子だった。喜多代師匠は岡田清子。こっちの岡田喜代子は「おもろい夫婦」で唄啓が司会をして途中でお茶を持って入ってくるだけの役回り。話の佳境で入ってきて、一言いう。なかなか難しい役どころだが、番組最後までやり続けた。漫談のようなものをやっていたが、すぐに廃業した。この時代は途中で挫折する若い藝人さんが多くいた。これは今もそうかもしれないが……。

　大須は場面転換、いわゆる番組ごとに幕を閉めていた。仲入りと終演後は緞帳《どんちょう》。これはお馴染み、大須ういろと染め抜いたもの。今も使っているやつだ。場面転換はカーテン幕、風が吹くとまくれそうな薄いカーテンのようなものだった。めくりを替えて、バックを替える。このバックは単純なデザインで、何枚か用意されていて、季節ごとに替えていた。落語用と漫才用、あとは音楽もの、柳家三亀松の場合は専用のバックがあった。唄啓のときはカラフルなバックだったのを覚えている。子供心にもやっぱり売れている人はいいのを使うなと思った……と感じていたと思う。この場面転換でいちいちカーテン幕を引くので、逆にたっぷりの出囃子を聞くことができた。もちろん生の出囃子だから、このカーテン幕が閉まったあたりがわたしのツボで、たくさんの出囃子を聞いた、聴いた。大阪は、漫才の師匠方、それぞれ専用の出囃子があったのだが、このころはもちろんそんなことなど知るはずもなく、ただ三味線の音と太鼓のリズムに酔い痴《し》れ、どんどん寄席にのめり込んでいった。

昭和四十一年十一月上席

水町千夜子・柳エンド
伏見痴かし　アコーデオンあきばたつや
三遊亭万遊
若葉ショー
加茂川ちどり・かもめ
春風亭柳朝
（仲入り）

スリートーンズ
青空うれし・たのし
流行亭歌麿・やちよ
三遊亭圓遊
三人奴

柳エンド(46)は、名前のごとく三遊亭柳枝門下。妻の水町千夜子というこれまた懐かしいコンビ。千夜子さんがアコーデオン担当の歌謡漫才。荒川ラジオ・テレビの木村好江師匠とよく間違えられてしまう。顔がそっくり。あちらは相方の木村透がアコーデオン担当。この水町千夜子がまだご存命だから嬉しい。板東英二(47)の大阪のラジオ番組にリスナーのひとりのおばあさんとして出演、喋っているうちに、水町さんが元漫才師だということが分かり、板東英二の驚くこと。示し合わせたものでなかったので、マニアにとっては貴重な番組になった。このなかで、板東英二が野球からこういう世界に入ったきっかけに関して「ぼくは南都雄二(48)師匠の紹介でこの藝能界にすんなりいけたんですわ」と、話していた。最後のほうは、もう昔話に花が咲き、「師匠、いつまでもお元気で」と、返していたのがおかしかった。あとで水町さんのことを、さすが藝人さん、話のもっていきかた、時間内にぱっと終わらせるところなどは、素人さんとは雲泥の差だと感心していた。大阪の毎日放送だったたか、大阪の友人が録音していて送ってくれた。貴重な録音、よく録ってくれたものだ。話が長くなった。

二番手が伏見痴かしの歌謡声帯模写。わたしの主催するミックス寄席にも出ていただいたことがある。柳亭痴楽一門、その後、声帯模写になる。演芸協会所属で、浅草の余一会でお会いするのを楽しみにしていたものだ。このころはアコーデオンを従えての舞台。残念ながらまったく記憶にない。

万遊は、もちろん、今の都家歌六[49]師匠。のこぎり漫談ではなく落語一席の高座。圓遊師匠のお供というかたち。

若葉トリオ[50]がこの時代は、若葉ショーとなっている。河内音頭オンリーのショーだったのだろう。この後、トリオになり、トリオ歌謡漫才の形態になっていく。この漫才は二流の上クラスであるが、新花月のあたりにくると、看板であるフラワーショーやちゃっきり娘より受けまくった。祖父がみゆきさんの贔屓《ひいき》で、河内音頭とこの人の啖呵《たんか》を教えてくれた。今のわたしにあまり役立っていないが。

次が、加茂川ちどり・かもめ、この芝居では記憶にないが、あとで初めて角座へ行ったときに巡り会うことになる。仲入りは春風亭柳朝。大須はこの師匠の待遇がばかに良かった。スリートーンズはまったく記憶にない。プログラムには、宮崎純、高橋亘、若葉春夫とある。見出しは東京歌謡漫談。

うれし・たのしの漫才の後は、やちよ・歌磨[51]。ヒザが三遊亭圓遊[52]。大須は圧倒的芸術協会で、圓遊師匠は出演回数もトップクラス。普通のおじいさんで藝人オーラが全くなかった。子供だから仕方がないが。トリは三人奴[53]。見出しが浄瑠璃漫才となっている。この師匠方の昔の映像を見ると、これがすごい。完璧な藝で、若いお客をうならせる。「壺坂」「葛の葉」「堀川」は、もう絶品。もうこういう藝人さんは出てこないだろう。まさに国宝級だ。大須のお客には難しかったであろう。

昭和四十二年五月下席

荒川キヨシ・小林さよ子
若井ぼん・はやと
桂小西
荒川ラジオ・テレビ
若葉ショー
夢乃タンゴ・西川ひかる
内海桂子・好江
(仲入り)
松旭斉小天勝
ロマンスガールズ

松鶴家千代菊・千代若
桂枝太郎
平和ラッパ・日佐丸
コロムビアトップ・ライト（2日間のみ）

お馴染みあほだら教の荒川キヨシが三番叟。晩年まで貴重な諸藝で演藝ファンを魅了した。相方は一番長く続いた小林さよ子。さよ子の後が、角座の太鼓番にいった荒川光子、その後が小唄志津子。小唄志津子とのコンビは、大須の五十年代後半から六十年代にかけて数多く出演した。このコンビと、河内文春・尾乃道子、さらに吉本の市川泰志・歌江。みんな最晩年を大須で過ごした。このころは、マニアが大阪から駆けつけて、少しばかり荒川キヨシにスポットが当たり、マスコミの注目が集まったのは演藝ファンとしては嬉しかった。ただ、このプログラムに載っている頃の荒川キヨシの記憶はまるでない。

若井ぼん・はやと[54]のコンビは若手バリバリ、確か、翌年に上方漫才大賞の新人賞をとっている。

桂小西は文朝[55]師匠のこと。このころから噺はうまく、関山先生のお気に入り。荒川テレビ・ラジオは名古屋在住。後年、藝名が木村透・好江に変わる。

若葉ショーの賑やかな歌謡漫談があって、夢乃タンゴ・西川ひかるのコンビ。しゃべくりの中堅どころだ。西川ひかるは、コンビ解消後、タレントのようなことをやって、お笑いオンステージのてんぷく小劇場で、てんぷくトリオと共演。日曜日の夜のレギュラー番組を持って、一躍スターダムにのし上がった。

仲入りは、東京方の看板、内海桂子・好江。食いつきが、小天勝[56]、ピラミッドは十八番。確か、この名前は二代目。東京歌謡漫談はロマンスガールズ。記憶まるでなし。モタレ前が千代菊・千代若[57]のご両人。とにかく大須に対する貢献度は高かった。あの甲高い美声が楽屋裏からよく聞こえた。表通る人タダで聞くというやつだ。太鼓番の佐々木さんとの掛け合いは絶妙。こういうのは子供でも記憶がある。こういう音曲モノにわたしのアンテナがひっかかるのだろう。

桂枝太郎師匠がヒザでラッパ・日佐丸がトリ。注目は日佐丸、こちらは四代目。演藝ファンならご存じだろうが、この四代目とのコンビの時のラッパが一番輝いていた。つまりこのころがラッパ・日佐丸の絶頂期だったのだろう。生で見たことが数回あると思うが、記憶がない。テレビでは、このコンビで何度も見た。この番組に特別出演で五月二十九日、三十日でトップ・ライトが入ってくる。この場合は、ラッパ・日佐丸がヒザに廻る。この番組、前半大阪方、後半は東京方という珍しい構成。

昭和四十一年十月上席　開場一周年記念特別興行　特別料金六百円

若井こずえ・ひとみ

東京二・京太
大阪はじめ
美和サンプク・メチャコ
若井はんじ・けんじ
神田ろ山
宝井馬琴
（仲入り）
Wけんじ
宝家和楽・和喜美
三遊亭小円・木村栄子
柳亭痴楽
砂川捨丸・中村春代
宮川左近ショー

菊彩色東西爆笑と題しての特別公演。こずえ・ひとみ(58)が三番叟。デビューして一年目の若手バリバリ。

東京二・京太が二番目。このコンビは後に大須演芸場から日曜の昼に生中継で放送される「東西デラックス寄席」の初代MCになる。このとき「司会の京二・京太です。この藝名は柳亭痴楽師匠につけてもらいました」と、番組内でいっていたのを確かに覚えている。自分でいうのは、あれだが、これはすごい記憶力だ。次が大阪はじめ。声帯模写では大阪ではトップランナー。名前はこのころからよく聞いたが、生では残念ながら記憶にない。次が東京漫才のサンプク・メチャコ[59]。サンプクは地元名古屋師範の出身。かしまし娘の家庭教師をしていたという。テーマ曲を歌ったあと漫才になるが、サンプクの女のコのようなハイトーンの声に驚かされる。晩年は芸協の芝居に出ていたようなかすかな記憶。サンプクさんは三十三年前に亡くなっているが、メチャコさんは最近まで生きておられたらしい。はんじ・けんじの上がりが早いが、特別興行だから仕方がないか。スピード感あふれる軽快な話藝で、大須の客を魅了した。

　足立克己さんの著書のなかに、はんじ・けんじは大須では得意ネタは絶対にやらなかった。なぜなら脇で東京の藝人が見ていて、すぐに真似されるからだと、書いてあった。これは興味深い。ろ山[60]と馬琴[61]は交互出演。時太鼓で高座に上がる馬琴先生、もちろん先代の馬琴。この地方出身だけに大須の常連だった。この先生の高座は、釈台脇に立派な刀が飾られる。これは子供心に不思議だった。よく覚えている。馬琴先生の刀、何度も見た。高座は子供にはもちろん退屈。ろ山先生、この名前はよく書いた。学習ノートに神田ろ山、ろ山ってノートが真っ黒になった。ろ山という名前が大のお気に入り。変な子供だ。神田連山という名前も書いた。

　仲入り後は、人気者Wけんじ、これは二日間のみの特別出演。相当売れていたんだろう。宝家和楽(62)、この人はよく覚えている。なぜなら、高座脇に和喜美さんを出していたからだ。曲藝の場合、三味線は御簾《みす》内で弾くのが常識。この師匠はおかみさんの和喜美さんを高座に出して弾かせるという稀な形式。夫唱婦随のコンビだった。それが証拠に和喜美さんが亡くなって、気落ちしたのか、和楽師匠すぐに引退してしまった。

同じ夫婦コンビが続く。祖父のご贔屓《ひいき》の小円・栄子のご両人だ。角座の看板だ。顔を見ているだけでおかしくなてくる。夫婦仲睦《むつ》まじい、いいコンビだった。小円さんに先立たれた栄子さんがかわいそうだった。新しい相方を見つけて、漫才やったり、最後は一人漫談。大須の高座にもひとりで上がった。なんだか寂しそうだった。栄子は小円あっての栄子だったということだ。よく昔の録音を聴く。琉球節の出囃子と角座のあの舞台を歩く板音が懐かしい。

柳亭痴楽がモタレ前で登場する。あの顔で一世を風靡《ふうび》した痴楽が目の前にいた。強烈に覚えている。何度も聴いた。何度も観た。そして、何度もあの綴り方狂室のさわりを真似した。落語を初めて聴いたのも、この痴楽師匠だった。落語は痴楽しか知らなかったといっていい。わたしにとってそれほどまでの存在であった。そんな痴楽の顔真似している子供のころのわたしの写真が残っていると思う。

特別公演ということで、ヒザが捨丸・春代、そしてトリが宮川左近ショーとくれば、番組としては完璧である。特別公演としては文句のないところだ。

昭和四十一年五月中席

南順子・北ひろし
桂欣治
鏡味仙三郎・仙寿郎
タイヘイ洋子・歌子
トリオ・レ・ポンコツ
千歳家今次・今若
金原亭馬の助
（仲入り）
柳家小志ん社中
滝の家鯉香
守住田鶴子・東五九童
桂枝太郎（十三日は圓蔵が代演）
神ブラザーズ

これは珍しい番組のひとつといっていい。

千歳家今次・今若の上方漫才コンビが珍しく出演していること。枝太郎師匠が何かの都合で、一日だけお休みで、わざわざ橘家圓蔵が代演にやってくること、なんと神ブラザーズがトリを勤めていること、これは実に貴重な番組だ。どうして神ブラザーズが好待遇になっているのか、謎が多いトリオだ。見出しがモダン浪曲ショーになっている。宮川左近ショーの関東版だろうか。キングの専属で、「女の償い」と「男」という中ヒットも出している。どちらも、作詞たなかゆきお、作曲吉田矢健治なので本格的だ。作詞のたなか先生に、「神ブラザーズってどんな感じのトリオでした?」と訊いたら、ひと言「忘れたよ。思い出せない」。

橘家は先代。大須に来るといつも、町内の福助師匠のところに挨拶に来ていた。雷門福助[63]、本名川井初太郎。名芸互助会の会長。祖父とはお神酒徳利の仲だった。わたしの家の数軒右隣りの家。

今次・今若に関しては前にも述べたが、この漫才、今の言葉でいう神だった。オーソドックスで会話が自然、そんなに笑いを誘うようなことといわず、それでいて間がしっかりとしているからおかしい。まさに玄人受けの名人藝だ。こういい切れるのは、祖父が大の贔屓《ひいき》で、わたしに何度もこの名前を覚えさせた。当然、名前の記憶があるが、この漫才思い出せない。音で聴くと、いとし・こいしよりさらに自然な会話で、ケレンみのない漫才だ。米朝師匠も「こういう漫才は、もうでませんな、実に味のある漫才でした」と絶讃している。確か、半年もしないうちに、お二人とも亡くなるから、大須の舞台は貴重だ。

五九童師匠は、守住田鶴子とのコンビで出ていた。守住さんは、やはり浅田家寿郎とのコンビで彼女の味が出たのだろう。コンビにも、やはり相性というものがあるのだ。この番組では一番記憶にある。特に守住さんのほうに。どうしてこういう地味な人を覚えているのだろうか。

昭和四十二年一月中席

若井こずえ・ひとみ
桂小春
トリオ・レ・ポンコツ
小唄志津子・広多成三郎
鏡味小鉄社中
Wヤング
若井はんじ・けんじ
旭堂南陵
（仲入り）
滝の家鯉香
三遊亭小円・木村栄子

アダチ竜光
小島宏之とダイナブラザーズ

ここでは、二之席といわず、一月中席と称した。この時期も、大須は、土日は立ち見が出るほど盛況。フラワーショーとかダイナブラザーズというような音モノが大須にはぴたりはまる。スピーカーから出るギターの電子音が関山先生は大嫌いであった。なんで落語の本数を増やさないかといつも苦言を呈していたものだ。わたしはこの芝居でＷヤング[64]を見たのをよく覚えている。中田さんが平川さんを肩車しながら、サックスを吹いていた絵が頭のなかにあるのだ。これも忘れもしない。当時は、このコンビはまだサックスを使っていたのである。オーソドックスなしゃべくりになるのは、ずっと後のことだ。

やはりこの番組で目を見張るのは、小唄志津子・広多成三郎[65]とのコンビだ。会話のすべてを馬に結びつけるという珍しいパターンの馬漫才で人気があった。今、この成三郎を見たという人は数少ないと思う。わたしも一度、ＮＨＫのドキュメンタリー番組だったか……八百屋で買い物をする成三郎を見たことがある。前のもろ多玉枝との漫才の録音も流していた。これが馬漫才かと思った記憶がある。この人の弟子が一郎・二三子だ。どっちでもいいが、こういう話が好きだから、ついついしてしまう。一郎・二三子は、てんのじ村に住む最後の漫才師といってもいい。古川一郎、まだご存命か。反体制派で、かなりのとんがりだったらしい。トリオ・レ・ポンコツの名前は、よく出てくる。東京のボーイズで活動期間も短かった。テレビドラマのちょい役なんかもよくやっていた。今はどうしているのだろうか。今はどうしているのだろうか藝人が多すぎる。こういう場合、噺家さんは消息が分かりやすい。桂小春といえば、今の福團治(66)師匠のことである。これは分かりやすい。

祖父はなかなか東京の落語をわたしに教えてくれなかった。この時代、東京の寄席に頻繁《ひんぱん》に通うような人は名古屋の田舎には、皆無だった。新幹線が開通する前のこと、数時間かかる花のお江戸は遥かに遠かった。確か、使う電車は急行の「東海」、東京からの帰りは午後四時半あたりに出る「東海」四号の大垣行き。これはよく覚えている。後年、わたしがひとり旅で、東京の寄席に行くときに使った。この五時間がものすごく苦しかった。それでも乗って、東京に行った。学生時代は、今はないが、いや時々臨時で出るのか、東京行きの夜行列車「ムーンライトながら」だったか。学校が休みになると、青春十八きっぷを使う若い人で一杯になる人気電車だ。今は深夜バスが人気だ。歳を取ると、もうこういう旅ができない。祖父は七十近くまで「東海」を使った。おなじみの湘南型のオレンジと緑の電車だ。四人掛けの古い形の、思い出しただけで苦痛になってくる。祖父の東京への寄席通いは、もっぱら「東海」。大阪へは、急行の「比叡」。朝、八時くらいに名古屋を出て、昼前に大阪に着いて、角座か新花月に行った。わたしはもちろん、まだ連れて行ってもらえない頃のこと。大阪は名古屋からだと近鉄が使えるから、難波まで直のビスタカー、いわゆる近鉄特急。これで約二時間。ようやく祖父に大阪に連れて行ってもらえる。大須が開場するまでの昭和三十年代の東京の寄席が、わたしには当たり前の話だが、まったく記憶にない。この時代の祖父の寄席通いというのは、今思えば、貴重中の貴重ということになる。おそらく、あの時代に寄席に通った人など東京以外の日本の田舎には誰もいないと断言してもいい。この時代の東京の寄席といったら、文楽、志ん生、圓生はもちろん、三代目の柳好[67]、八代目の柳枝[68]といった寄席ファンの生唾ものの噺家。先の馬風[69]、百生[70]、最後の頃の金馬[71]、圓歌[72]、二代目の遊三[73]、圓太郎[74]、甚語楼[75]、なんかも寄席で聴いているに違いない。このあたりの話が祖父とできなかったのが残念であるが、今思えば、小学生のわたしには無理だったかもしれない。その分、大阪の演藝全般は詳しく教えてくれた。祖父としては、大阪をやってから、いよいよ東京の落語というのが教えの道筋だったのかもしれなかったが、そんな祖父も、昭和五十二年に亡くなる。わたしが死んだら、祖父を探して、このあたりの話をぜひ聞きたいと思っている。

昭和四十一年十一月下席

青空木星・水星
三遊亭吉生
大空ひろし・みつる
吉本ひでき・しげと
桧山さくら

東洋日出丸・朝日丸
白川珍児・美山なおみ
（仲入り）
三増紋也
桜山梅夫・桜津多子
松本さん吉・山名なる緒
桂伸治
松旭斉晃洋

このあたりの番組はいかんせん地味だ。手堅い実力派を集めたとはいえ、やはり少々寂しい。演藝通を唸《うな》らせる番組ではあるが、一般大衆のお客はなかなか足繁く通うということは難しい。樋口さん（先代席亭）が顔付けしたものではないことが分かる。偉そうないいかただが、素人には無理だ。たぶん、大阪の秋田實先生の智恵が少し入っているような……そんな匂いがする番組だ。

コロムビアトップ一門も大勢だ。開口一番は木星・水星、このコンビも長続きしなかった。吉生は今の圓窓師匠。(76) 真打ちになり、名古屋の含笑寺で「圓窓五百噺の会」を始めるずっと前の時代だ。

大空ひろし・みつるは、後輩が入ってきてやっと開口一番を免れてといったところ。吉本ひできは弟とのコンビでものまねブラザーズとして、舞台に上がっていた。この後、コンビ解消して、ピンで声帯模写。この分野は大阪はじめ[77]がいる。この人は藝格として格段上であった。声帯模写は、田渕岩夫[78]もいた。ちなみに草分けは、大久保怜[79]。この人の弟子に大村崑[80]、トリオ・ザ・ミミック[81]の久保田進、確か、あおきあいもそうだ。

桧山さくら[82]さんがこの出番にいる。東京の寄席を休んできていたのだろう。

東洋日出丸・朝日丸[83]の浪曲ショー、吉本の中堅どころで脚光を浴びたが、早世は残念だ。このコンビ、わたしは一度も観たことがないというのは演藝通を気取るわたしの恥でもある。

珍児・なおみの大須の常連コンビの後は、鹿島ファミリーショーという家族で構成されたこれまた浪曲ショーで仲入り。三増紋也[84]の曲ゴマ、お題は江戸名残の曲独楽と書かれている。紋也師匠の最後の舞台はわたしの主催する会であった。紋之助[85]さんやれ紋[86]さんと一緒に楽しそうに勤め、楽屋裏の喫煙室でうまそうに一服する紋也師匠の顔が忘れられない。この番組の紋也師匠は、まだ三十代のばりばりのころ。

つぎの二組は通ごのみ二選といっていい。梅夫・津多子[87]の音曲漫才に続き、さん吉・なる緒[88]の夫婦漫才、トリのひとつ前の出番のモタレが桂伸治[89]、先の目玉の文治師匠。この師匠、初めて大須に来た時、大須の裏の公園でばったり、祖父は「おじさん、ものを伺うが演芸場はどこですぅ」といわれて、教えたらしい。裏の公園、タヌキ山のこと、この公園でわたしを遊ばせていたときのことだった。まったく覚えていない。

トリがマジックカーペットといって、大掛かりなショーになる、マジックタイムだ。せっかくいい流れが出来て、マジックショーがトリというのはまずい。贅沢をいえば、ダイラケの漫才で大爆笑で派手に締めるというのがいいと、このとき、これは絶対に思ったに違いない。そろそろこのあたりから、番組に注文を付けるようになっていくのである。あきれた子供だ。

第三章　関山先生の観念

1　東京の寄席との出合い

大阪の演藝、寄席の演藝と実力をだんだんつけてきたわたしは、中学に入るころから、東京の寄席の落語という藝能に興味を持ち始める。恩師、関山和夫先生(1)が名古屋東桜の含笑寺で始めた「含笑長屋《がんしようながや》(2)」という落語サークルが、大須演芸場の開場に遅れること二年後の昭和四十二年に立ち上がったのが、わたしにかなりの影響を与えたのは事実である。ここでも落語会は最初のころは、とても出入りできなかった。七歳では出入り不可能だ。

含笑長屋には関山先生の掟《おきて》が明確にあった。正統な落語の真価を文化的に把握しようとする研究会であること。正統話藝としての落語の継続発展を最大の目的とすること。正統な落語の理解者、および鑑賞者を増やすこと。出演者は伝承藝能である落語に対して、堅実に努力している噺家に限る、というものであった。関山先生の教え通り、含笑長屋の店子たちはどんどん増え続け、あの狭い本堂の畳式に四百人が詰めかけ、二百人、三百人が待機する、いわゆる待機店子状態の人が増え続けた。

ここで落語を聴くことの苦痛といったらない。本堂の畳式に隣の人と肩触れ合う状態で、正座になったり膝を崩したりと、鑑賞する側は本当に大変だ。店子が五百人というころ、つまり絶頂期になんとか店子の身分に滑り込んだわたしは、この定例会がまさに修行であった。間違いなく座禅を組んでいたほうが楽というくらい、昔の寄席はこんな感じだったのだろうと自分にいい聞かせて我慢したものだ。他のお客も「なんでこんな苦痛な思いをしてまで来なきゃいけないんだ」と、不満を口にしていた。聴かなきゃいけないという義務を果たすために含笑長屋に行くという、それでも店子になるには一年待ちという、すごい会になった。

上京して落語仲間と話すとき、この会の店子だったことをいうと、ほとんどの人がそれで落語通であることを認めてくれたものだ。まさに全国区、落語会主催サークルの草分け的存在になっていた。その大家である関山先生、わたしの落語の道しるべ、今の落語会を主催するわたしの礎《いしずえ》の、関山和夫先生の大須批判はこの当時から辛辣《しんらつ》であった。わたしのこよなく愛する大須演芸場に対する批評は、幼いわたしの心を深く傷つけた。多分、いやそうだろう、違うかもしれないが、今思うとそうだったろうと思う……またややこしくなってきた。

これまで、何度も読み返した関山和夫著『寄席見世物雑志』(名古屋泰文社刊)のなかでは、大須演芸場に対する、もっといえば落語会を生業《なりわい》とする人々への無知、非常識をたたきのめしている。一方的な観念でものをいい、わたしが正しいというゲームを生涯通した関山先生はやはりあっぱれであった。ちなみにこの本に出合うのが中学のころと記憶する。祖父の本棚から見つけて読んだ。

大須演芸場は空前の寄席ブームにのって、昭和四十年の開業から、常に上々の入りを保ち、土日祝日は常に立ち見で、東西から一流どころが集まり、全国からも注目が集まる寄席になった。大須演芸場のほか、若宮神社の隣りのスペース、映画館がふたつとボーリング場や商業施設が集まるヘラルドビルの二階にシネラマ演芸場、名古屋球場の近くの尾頭橋という下町に尾頭演芸場、この尾頭は、子供のわたしにも、どうしてこんな不便なところに寄席なんか作ったのだろうと疑問であった。もうひとつは今池の、今のガスホール辺りに今池演芸ホール[3]が誕生。さらに昔の中村遊郭の辺りに中村演芸場[4]と続々と寄席が誕生。名古屋の寄席の好景気を見せつけた。と、ここまでは良かったが、やはり長続きしない。シネラマは半年の命であった。中村演芸場も半年で閉館。今池演芸ホールにいたっては、二十日という短命に終わった。痛恨の極みというか、名古屋市民として、恥ずかしくて仕方がなかった。関山先生は、あてこみ主義や営利に目がくらんだ寄席経営は必ず失敗するものだと怒り心頭であった。先生自身は、寄席に対して、大須演芸場も含めて、開場時からその心配はしていた。寄席に対して、正常な発展を期待したいが、どこも色物優先のドタバタ藝では先行きは暗いと一喝。売れっ子の噺家が登場すると、日本の話藝の基本ルールを無視した落語もどきには猛省を促す、新作派の噺家は、もっと日本の話藝の特質を研究してもらいたいと苦言を呈した。

また、テレビでお馴染みの噺家による大喜利を見て、本当の藝とはほど遠い、噺家によるお題ばなしは江戸時代から伝わるものであるが、あんな安っぽいものでは困ると苦言。大須演芸場の番組に関しては、伝統藝である寄席藝を正しい方向に進めているといえるのかは、はなはだ疑問だ、大須の寄席で見る藝は、大いに受けているが、優れた話藝ではなく、ほとんど内容のない笑い優先の藝ばかりだと評している。大須演芸場を中心とした寄席ブームには笑いだけの藝、笑わせればいいという風潮、最近の寄席藝はおおむね持続性に乏しいその場限りの効果だけであって、決して藝質が昔より向上してブームを呼んでいるのではない、無茶苦茶に笑わせることだけが落語の本質ではない。落語という藝能は娯楽としてのおもしろさを兼ね備えているのであって、下劣なギャグで無理矢理笑わせようとしている野卑な藝人がどんなに大切な日本の寄席演藝の正常な発展を邪魔しているのか……と嘆く。汚い言葉を連発し、楽器を持っての立ち高座や、高座で再三寝転んだりの不作法が平然と横行し、何十年と厳しい修業を積んだ格調高い藝が、今日一般の若い人たちの寄席藝に対する価値判断の外に置かれてしまったのは、誠に残念だ、そろそろ反省期に入ってもいいのではないかと提言する。

寄席の経営に対しては、現象面だけに追従して合理主義でものを考えるのは極めて危険だ、本質を忘れて調子に乗っていると必ず間違った結論、結果を招くことに気が付かなければならないと席亭に対しても苦言を呈し、さらに「営利主義のものを知らぬ興行主は引っ込んでもらいたい」と、駄目を出す。関山節全開だ。

関山先生の話には一貫性がある。それだけに話の重複があるので、そのあたりご勘弁していただきたい。ざっくばらんに、関山先生の大須に対する苦言の数々、そして寄席に対する、そしてもっといえば、席亭と称する人に対しての叱咤恫喝《しったどうかつ》の数々を全部記してみる。

少々、古く、偏った観念で語られているので、反論は無尽蔵に出てくるが、ここは一方的に読んでもらえれば、関山先生は理不尽なことをいっているけれど、どこか真理があるような気がするのである。

この本が世に出て半世紀たった今、席亭を生業《なりわい》としているわたしは、この声に全部ではないけれど耳を傾ける余裕がなくてはいけないと思うのである。あくまでも正しい、間違っているという判断は脇に置いて、席亭を志す人は、そんなにいるわけはないが、まあよしとして、目を通して貰えれば幸いである。まさに関山節全開をお楽しみいただきたい。関山先生は今でいうと、「朝まで生テレビ」に出てくる論客の中で、最右翼または最左翼に座る、絶対に人の話を聞かない、人の話を遮《さえぎ》って自分の意見を通そうとする、現実に目の前で起きている事実より、自分の観念のほうが正しいと信じてやまない論客のような方であるということをいっておきたい。

ただ、井上達夫や小林よしのりのような傲慢《ごうまん》な攻撃口調で周りをヒートアップさせるような方ではない。そういえば、この間、三浦瑠《る》麗《り》が「朝生は自分の立場が動かない人が自分の主義を怒鳴り合って主張しているだけで、番組のはじめもおわりも変わっていないというカルチャーを三十年やり続けているだけ、まったく不毛ですよ」と、彼女の整理客観論をいった瞬間に、右も左も黙ってしまった。あっぱれ、三浦瑠麗、生きのいい論客が出てきた。話がそれた。

この関山先生は僧侶のような穏やかな口調で、どんな強い主張でも受け手にとって心地よい。これみよがしではなく恩着せがましくない、さらりとした話術に、関山講話のファンは多かった。わたしも学生時代は洗脳されていった。


《東西文化の接点として、宿命的な立地条件をもつ名古屋は、東西の寄席芸をうまく吸収して独特の寄席文化を創造せねばならぬ。今後の寄席興行の方向は常に文化的な理解の上に立って行くべきで、ブーム便乗の金もうけ主義だけではファンは納得しないだろう。（名古屋に寄席が次々に誕生したことをうけて）》

《相変わらず玉石混淆の寄席ブームだ。安易に放置しておいてはならぬ要素が多分に含まれている。正しい寄席芸の生命は、実にわれわれの受けとり方によって死活を決定することができるのだ。ブームに便乗してニセモノがホンモノの中にまぎれこんで暗躍するのを許しておいてはならぬ。芸の真偽をたしかめることは、今やわれわれの急務である。

百鬼夜行の芸能界を、正しいものに引きもどすためにわれわれは公正無私な立場で、きびしく寄席芸を監視し、不正は鋭く追及して謙虚にその方向を憂えねばならない。（テレビのお笑いブームを憂いて）》

《会場を一杯にしたのはいいが、漫談やナンセンスなドタバタばかり、落語が一本も入ってい

ない寄席の本質にもとる。(愛知文化行動の爆笑パレードという寄席興行の評論より)》

《最近の寄席興行のあり方をみていると、日本伝統芸能の本質にもとるものが多い。たとえば、色ものばかりで落語が一つもないなどというのは、演芸館としての一つの行き方ではあるが寄席と称する以上明らかにあやまりだ。寄席芸の主流は、あくまでも落語であり、他の色ものはそれに付随して発展してきたものであることは百七十年の寄席の歴史に徴して明白である。

それは決して色ものが落語より低いというのではない。色ものの方が即興的な面白さがあることは勿論だ。いいたいのは、長い伝統の中でつちかわれた正しい寄席芸のあり方をまげてしまってはならぬということだ。現代における寄席興行のむずかしさは十分わかるのだが、だからといって日本民族の大切な文化遺産をいい加減なものに作りかえてしまってはならない。

(大須演芸場一周年に)》

日本民族の大切な文化遺産……。これは大変なことになってきた。今頃先生は、絶対に怒っていると思う。「加藤君のようなものに寄席をやる資格はない」と。

《厳しい修業を中止してテレビの人気で出てきた連中の芸質がいかに低下しているかは、高座の成績が明白に物語る。(略)ギター伴奏つきの三平放談、(略)〝すわれない芸人〟で、高座の上の不作法は言語に絶するものがあった。ブームに乗ってやたらに笑わせるだけが落語だなどと思ったら大間違いだ。「落語は理屈ではなく面白ければいい」という考えは誤りだ。

日本の話芸が世界的な水準に及んだのは、三百数十年の歴史の中でつちかわれた〝芸〟に〝きびしさ〟が潜んでいるからである。それを忘れて一体なにを誇ろうとしているのか。〝笑い〟だけがマスメディアに乗った異常なブームは、決してほんものではないということを芸人諸氏も一般大衆も十分認識しなければならぬ。（略）

どんな理屈をつけようとも落語家が立って演ずるということは絶対に誤りである。その是非は正しい学問的研究が決定する。（三平師匠、シネラマ演芸場にうけて、かなり強い口調で）》

《寄席の形態として感心しない。正常な寄席として発展したいのなら、進んで専門家の意見を謙虚にきいて企画内容の刷新を図るべきだ。（シネラマ演芸場の番組(左記参照)に対して）》

この番組は見ている。この中席が玉川良一[5]と世志凡太[6]のコント、奴・喜久奴の音曲漫才。落語は一本も入らず、玉良といってもだんだん知らない人が多くなった。人情味あふれる喜劇役者、名古屋は年に一、二度、中日劇場に来ていた。レギュラー番組も名古屋で持っていて、東海ラジオの「ぶっちゃけワイド」は人気看板番組だった。わたしが大好きだった佐山俊二[7]が倒れたのも中日劇場。一緒に出てた玉川良一が付きっきりで病院と劇場を行ったり来たり。代役は石田英二[8]だったか、石見栄[9]があったか、じん弘ということはないと思うが、とにかく達者な脇がたくさんいた。

それでも佐山さんの替わりは難しい。海野かつお、[10]人見明、この人はスイングボーイズ。人見きよし、いることはいるがやはり難しいか。森川信ならいけるが、大物感が漂うので、やっぱり難しい。それぐらいの、つまり替わりがきかない名役者だった。佐山さんの弟分的な喜劇役者玉川良一、わたしの好きな玉良を関山先生は完全にスルーだった。この手の大衆藝能に全く興味がないんだろう。下席は調べると、先々代の志ん馬、[11]意地悪ばあさんの、これは古いね。あと羊容・由紀江の漫才になんと鈴木美重子[12]の歌謡ショーがつく構成。こちらは、先生の逆鱗《げきりん》に触れるというものだ。

《最近ようやくブーム沈静のきざしが、かすかに見えはじめた。若手の正統派が実力をのばして台頭しつつあるのはよろこばしい。大須出演の小文枝、生之助、[13]シネラマ出演の円菊[14]など地味な努力家が次第にのびてきたことは注目していい。(略)ブーム便乗を避けて堅実な歩みを続ける若手落語家の今後に大いに期待したい。(昭和四十二年五月の大須とシネラマ演芸場の番組に触れ)》

やはり正統な噺家が出てくると先生も文章がかわってくる。

名古屋に一時期、五軒の寄席があったことは記憶にない。尾頭はポスターを見た記憶がある、探せば出てくるはずだ。浅草演芸場の番組を一段落としたような番組だった。落語は一本入るか入らないか、色物定席の感があった。シネラマ演芸場は、ここの遊技施設が、地元の大須小学校と栄小学校の遊び場だったので、よく覚えている。ボーリング場あり、ゲームセンターありの会館のなかにあった。一度だけ行った。新宿コマを四分の一くらいにした劇場で、横に長かった。コマ劇場でアチャラカ（喜劇）をやったほうがいいような小屋であった。だから玉良や世志凡太、歌謡ショーなどがいいのかもしれない。

今池はまったく記憶にない。ただ、毎日新聞が落語会をやっている今池のガスホールあたりにあったことは間違いない。あと一軒、中村演芸場、駅裏に、いや名古屋駅西というのか、あったのだろうがまったく知らない。

《本年一月に開場したシネラマ演芸場が六月限りで閉館する。痛恨の至りである。四十年十月に開場した大須演芸場の盛況に刺激されて昨年中村演芸場、今池演芸ホールが開場したが、中村は半年の寿命、今池のごときはたった二十日間の幻の寄席だった。理由はいずれも経営不振だが、あてこみ主義や営利に目がくらむと寄席経営は必ず失敗するものであることを如実に証明している。（相次ぐ寄席閉館について）》

関山先生は相次ぐ寄席閉館について一言「痛恨の至り」と語っている。腹の中は「それみたことか」なのか「言わんこっちゃない」なのか「ざまあみろ」なのか分からない。「悔しい」なのか「残念」なのか、分からない。こうなってよかった、こうなることを待ち望んでいた「嬉しい」なのか「よしこれでやっと正統な落語ができる、落語主体の本来の寄席を作っていける」と思ったか、分からない。「痛恨の至り」だけだ。どう感じたのか知りたかった。

わたしもしつこい。自分のなかにある答えを関山先生から導きたいだけなのである。厭なやつだ。こういうことは日常よくある。もう自分が決めている、答えを持っているにもかかわらず、他人《ひと》に訊くというパターンだ。

《大須演芸場は、右に(ほかの定席と)較べれば、寄席興行のしきたりをよく会得してあいかわらず好調を続けている。五月末日の「余一会」は、〝落語十八番をきく会〟と銘うって円生、小さんらによる正統の話芸をたっぷりときかせた。(略)採算を度外視してこの会を続ける席亭の努力はたたえられてよい。(大須の余一会について)》

先生やっと、いやはじめて大須を褒《ほ》める、ただし余一会のこと。大須の余一会は落語会になる。田舎の名古屋で月一、東西の一流どころの噺家の競演、わたしもこれは賞賛に値することだと思う。

2　大須演芸場は元気

祖父に借りて読んだ関山和夫先生の著書『寄席見世物雑志』、この本と『含笑長屋十年』が、それからのわたしのバイブルになった。寄席好きの祖父はこの手のものに食指が動かなかった。祖父の口から関山先生の名前はついに亡くなるまで一度も聞かれなかった。ただ含笑長屋に関しては、興味があった、ただ行こうという気にはなれなかったんだろう。齢《よわい》七十を越えていると、さすがの祖父でもそこまでは体力がなかったのだろう。含笑寺で聴くことは想像以上に体力を要するのだ。
シネラマ演芸場がなくなり、寂しくなったが、大須は元気だった。昭和四十二年、ますます東西の人気者を並べ、祝祭日は満員御礼が続く。芸協の師匠が多いなか、七月は久しぶりに馬生(15)が出演した。

《中堅正統派の第一人者馬生が堅実な芸風を誇示したのが最大の収穫。特に十八日夜に演じた(昭和四十二年七月中席)馬生の「火焔太鼓」は初代遊三(16)の演出を練りあげた父志ん生の芸風を見事に継承したもので満場の落語ファンをよろこばせた。こういう名作を演ずるときは、もっとじゅうぶんな時間を提供してもらいたい。そういう配慮が席亭には必要だ。(七月中席の番組に関して)》

この七月中席はわたしも二、三回は大須に通った気がする。馬生、桂太(17)(今の伯楽)の師弟競演、桜井長一郎がヒザ、伸・ハワイのロマンスリズムに音曲のお鯉・人形(18)、漫画トリオ、これは全盛、この人気トリオが看板。豪華なメンバーだ。笑福亭花丸(19)が開口一番、この人、廃業して後に大須演芸場の支配人になる方。かすかな記憶の七月中席で強烈に印象に残ったのは珍しく落語で、馬生師匠の高座だった。ネタは「碁泥」。なんだかぶつぶつ碁を打っている様が、いまだに忘れられない。七歳で馬生が分かるなんていうのはありえないことなのであるが、どうしてだろう、馬生師匠演ずる「碁泥」、背景画もなんとなく覚えている。三亀松専用の背景画だった。間違いない。関山先生はこういう落語を見逃さない。大須の顔付けに否定的ではあったが、数少ない落語だけは褒《ほ》めまくった、落語協会の師匠方に限るが。このころ関山先生主催の「含笑長屋」が全国の演藝ファンの注目を集め始める。若手、中堅正統派が続々来名して、名古屋の落語ファンを喜ばせた。

《昨今の若手正統派の台頭の中で、次第に力が出はじめた古今亭円菊が、七月二十七日夜、東区松山町含笑寺での第三回「古典落語をきく会」に出演し「三年目」「星野屋」「唐茄子屋政談」を演じた。地道な修業を続けている人を起用して、話し手もきき手もともに真剣に古典を学ぼうとするこの会は、きわめて意義深いものである。》

子供心に、やはり不真面目な人は含笑長屋の住人にはなれないんだなあと思った。大笑いすると嫌がられた。わたしは先生のこの真剣に古典を学ぶというのと、下品な噺で客席を笑わせる不真面目な藝人はもうでてもらいたくないという、この関山先生のお考えに不思議となんの違和感を覚えることなく受け入れていた。もちろん、長屋の住人もそうだったのだろう。文化人が落語について語り、鑑賞者も古典藝能である落語を研究し、勉強する。このころの落語界は古典正統派がほとんど、芸術協会に新作派が多く、今と違って古典か新作のどちらかがはっきりしていた。今は落語多様化時代、古典の正統派、いわゆる関山好みを数えたほうが早いくらい。正統派というか、オーソドックスに古典を演《や》る噺家の方が貴重になってしまった。

関山先生はよく、大衆藝能を真面目、不真面目で区別した。「演者も鑑賞者も真面目に」が口癖であった。とにかく、真剣に学ばなくてはいけない。含笑長屋はそういう意味で厳しかった。名古屋の禅寺で正座して聴く二時間。まさに修業であった。

《こういうマジメな行き方をよそに、一方ではあいかわらずの異常な寄席ブームである。正しい話芸を愛する人々のひんしゅくを買うテレビ（民放）の寄席番組の制作態度と暗躍するプロダクションの行動については、常にきびしい監視の目を光らさねばならぬ。（略）

中でもトリオショーのドタバタの起用は納得がいかない。トリオ以外の寄席芸はそれなりにきびしい歴史をもっているし、放送の上でもラジオ時代から絶えず放送芸能人としての姿勢のあり方を会得してきている。ところがトリオだけは違う。大衆とは遊離した世界で生れて、いきなり茶の間に進出した。本来寄席芸とは全然異質のものなのだ。それがあのナンセンスなデタラメのままで寄席へ出演するのは著しく寄席を冒瀆《ぼうとく》するものだ。今こそ番組担当者も席亭も、プロダクションもマネジャーも真剣に反省してトリオ改造に乗りだすべきである。（自身が席

亭を勤める含笑長屋の円菊独演会と相変わらず好調の大須に関して）》

これは、強烈な文章だった。目から鱗状態だった。先生の『寄席見世物雑志』を読んだのが中学生の頃、刊行されて数年目というところだ。中学生の子供にはこれはきつい。関山先生のこの本の演藝評には、どの箇所もツッコミどころ満載だ。ところがいま読み返すと、仮にも落語という藝能を生業《なりわい》にしているわたしにとって真理で、悔しいけれど自分の落語界運営のビジョンにつながってくるのである。別に悔しがらなくてもいいが。トリオショーを真っ向から否定されたときに、かなり驚愕したのを覚えている。そしてその論理に反発しないのが、わたしらしくていい。そのまま鵜呑みにして、トリオショーを見ないようにしようと思ったものだ。トリオショーといえば、わたしの大好きだった、大阪のすっとんトリオ、この三人組はトリオ漫才の元祖。間寛平がコメディアンの師と仰ぐ、松田竹夫率いるトリオ。トリオと聞いて、すぐに思い出すのは若葉トリオ。大看板ではないが、マイナーでもない。中堅どころのトリオ。みゆきさんのぼろくそにこきおろす河内弁の啖呵は迫力がある。河内音頭をトリネタの歌謡ショー。最後まで大きな看板にはなれなかったが、さすがに新花月では人気があった。

この新花月、日雇い労働者のオジサンたちのたまり場で、下手な漫才や落語はまったく聞いてくれない。メジャーどころも受けないし、ギャラが安いし、三回転くらいさせられるから、あまり出なかった。そういう場所に来ると、このトリオは強かった。普段着で客席と同調する藝だから、受

ける し、客もなぜかちゃんと聞くのである。新花月というと真っ先にこの若葉トリオを思い出す。玉川スミ師匠から「東京から行って、あそこ(新花月)で受けてたのはわたしだけですよ」という話を聞いた覚えがある。「三回転してワンカップの差し入れが毎日一ダース分はあったわよ」。池袋の千登利の肉豆腐で二時間くらい昔の話を聞かせてくれた。吉本のころの話、戦前の話、これは宝物だ。スミ師匠は若葉トリオのこと、よく知っていた。タイヘイトリオ、この師匠方も大好きだ。辰巳の出囃子にのって登場、前のリーダー、洋児師匠が、小さな声をマイクぎりぎりにもっていって「ロマンショーです」と囁《ささや》くと、いよいよお馴染みのテーマミュージックだ。このテーマミュージックが何度聞いても聞き取れない。そこがたまらない。衣装をばっちり決めて唄う三人、これだけでワクワクしてしまう。プロ中のプロだ。今もし三人ともご存命ならＮＨＫの「プロフェッショナル　仕事の流儀」に出てもらいたいくらいの藝人だと思う。

シャクレの夢路師匠は、ご存命だと思う。数年前、いやもっと前か、木馬亭の何かの会で、ゲストに来ていて驚いて行ったことがある。浪曲のさわりを少々と漫談調の問わず語り、歌は相変わらずソウルフルであった。どうしておられるのか、一度出て来てもらいたいのだが。

宮川左近ショー、これはたまらない。文句なしの角座の大看板。道頓堀アワー(朝日放送)の十五分間に何回も酔いしれた。大須で初めて生で見たときは、もうこれは漫才や落語という藝能ではかなわないと痛感した。米朝師匠は「それやあ漫才や落語ではあちらには勝てません、いとこいさん(夢路いとし・喜味こいし)でも無理、まあダイラケさんは別ですけどね」と、上方よもやま噺で語っている。

客席にいて三人の藝の気をまともに受けると、幕が下りてもしばらく立ちあがれないのである。大衆藝能でそういう体験をするのは稀なことである。かしまし娘、フラワーショウ[20]の大看板、このトリオは舞台にギターアンプを設置する。このアンプから流れるギター音が、寄席ファンは嫌なのである。関山先生はこのアンプが嫌だった。寄席の雰囲気が丸つぶれだ。亡くなった文治師匠も「新宿や池袋のような寄席でアンプやカラオケを流すのは言語道断だ」とよくいっていた。フラワーショウが大須の時は、幕を一回閉めて、アンプをお茶子が運んだ。ばらさんが一応、音のチェックをして、その音が客席に漏れる、客席では、もうお三方が舞台にいるんだと確信する、客席も準備万端だ。出囃子が急に鳴り止むと、幕が開くか開かないかくらいでギターの音、三人が並んでのテーマミュージック。トリオでも出がタイヘイやかしましとは少し違う。もちろん大阪方は賑やかでいい。ところが角座がなくなって、吉本系がのしてきて、生の出囃子で上がる色物の小屋がなくなってしまったのは残念極まれりだ。

そんな賑やかで客席を沸かせたトリオ藝が寄席に出ることは著しく寄席を冒瀆《ぼうとく》するのであるといわれたら、そうだと、そのとおりだと一変してこの言葉を飲み込むしかなかった。不思議とは思うが、まったく逆らうことなく、トリオをほとんど聞かなくなってしまった。どうもこのあたりから、つまり祖父が亡くなる昭和五十二年あたりから、大須の長期低迷期にさしかかるあたりから東京の寄席に徐々にではあるが、傾いていくわけである。

大須は定席のほか余一会(三十一日)は純粋な落語会を開催していた。このころ祖父は必ず余一会に出かけていたみたいだが、わたしを最後までこの余一会に連れて行こうとはしなかった。さすがに七つ八つの子供には無理だと思っていたのであろう。自分も落語だけは集中して、ひとりで聞きたかったのだろう。もっともわたしはこのころは、落語といっても痴楽、今輔(21)、枝太郎の存在しか知らなかった。

《大須演芸場が、ファンの声を尊重して急ぎ計画した八月三十一日の「余一会」は、馬生を中心に馬の助、夢楽、伸治、柳昇、柳好の六人が出演したが、昼夜を通じて馬生の「唐茄子屋政談」が最も安定していた。名人故円右から志ん生を経て馬生に伝わる、あの後半の哀調を帯びた巧みな演出が効果的で、人情ばなしの神髄の一端を短時間ながらも、しみじみときかせた。(略)機知に富みながらも本当の落語をやらない柳昇の「女房の買物」など現代若手はなし家の実体がよくでていた。(八月余一会の評より)》

これは皮肉な文章だ。本当の落語をやらない……このあたりは関山先生らしい言葉だ。「~すべき」とか「本当の~」などの引用がわたしは嫌いである。嫌いであるけど、こう書かなくては読み手が熱くならない。「なにをいってるんだ! こいつ!」と思わせる人にわたしは引き寄せられる。簡単にいえば、わたしの反対の思考を持つ人に興味があり、惹《ひ》かれるのだ。

3　はじめの落語

関山先生に言わせると、芸協＝新作、漫談＝不真面目という方程式が成り立つ。初めて落語を聴いた（見た）のはだれだろうと、遠いかすかな記憶をたどると、小文治[22]師匠の語り口調と姐さんの時のウインク、柳亭痴楽綴り方狂室、あとは古今亭今輔のお婆さん、学校の講義のような少しも面白くない、迎手がやけに少ない枝太郎師匠、歌舞伎役者のような気品のある圓馬[23]師匠が落語の出合いの最初の記憶であることは間違いない。たぶんそうだろうと思う。なにしろ小文治師匠が昭和四十一年に亡くなるわけだから、わたしが六歳の記憶であることは確かだ。すべてが芸協の師匠方、関山先生にはまっていない人たちである。芸協で目をつけていたのは、小南[24]師匠と弟子の小西[25]くらいだっただろう。小西は亡くなった文朝師匠のこと、若いころからほめちぎっていた。関山先生の教育の根本にこの方程式があるわけで、わたしもだんだん歳を重ねるごとに、そっちに（落語協会）に流れていくのである。子供のころから落語にはまっていく人は、大概こういう流れである。断言はできないが。

昔だと、金馬、柳好にはまって文楽にいく人、それから落語協会の大看板に魅《ひ》かれて、むさぼるように落語を本格的に聴き出すというパターン。その原初体験の基に必ず芸協の師匠方がいたのは、事実である。今輔師匠のお婆さんを聴きながら、「そこまでひどくいわなくてもいいのに」と、関山亭を子供心に恨んだものだ。

これは忘れもしない昭和四十二年の中日劇場で開かれた「中日寄席」、この中日劇場といえば、御園座、名鉄ホールと並ぶ名古屋の三大劇場のひとつ。東京でいえば、御園座は歌舞伎座、中日劇場は日生劇場、名鉄ホールは、デパートの上にあるからさしずめ三越劇場か。この三劇場、それぞれ何ともいえない味がある。

商業演劇通の母の影響で、小学校のころから頻繁に劇場には出入りしていた。劇場楽屋の着到板に名前があるんではないかと思うくらい通った。母は店の休みの夜の部専門、御園座は昭和四十年のはじめ頃から、「芝居を観る会」というのがあって、母はすぐに入会し、会員になった。三割引くらいで、チケットを購入できた。母は祖父と同じで決まって三等席だ。いつもの場所に座っていると、ハンチングのオジサン(この人御園座の大向こう)が必ず一緒の調子で声をかけてきた。「あ〜ら来てたのねぇ(伸ばす)」

今でもこの声は忘れない。御園座、商業演劇、三等席、大向こうのオジサンのあの声、日曜日の夜、明日からまた学校……という連鎖ストーリーが自分の体のなかにプログラムされている。わたしはこのころのそんな記憶プログラムがたくさんある。話がそれるので、ひとつだけ。このオジサン、わたしに「ボクいいか、次の幕になったら、双眼鏡でおフジさん(山本富士子)の顔、よ〜く観てごらん、鼻が少し右に(左だったかもしれない)曲がってるよ、あの曲がりがたまらないんだよ」と、教えてくれた。

ほかにもいろいろ教えてくれた。個人レッスンだ。勉強になった。このオジサンと知りあってからは、いつも会うたびに、明日から学校に行くのはやめようかなあと何度も思ったものだ。弟子入りしたかった。

名鉄ホールといえば、東宝現代劇公演、劇団喜劇、ミヤコ蝶々や唄啓劇団、あとは新劇、民藝とか俳優座公演、山田五十鈴[26]の「たぬき」、三木のり平[27]、志ん朝の「らくだ」は想い出に残る公演となった。名鉄百貨店の上にあるこぢんまりとしたホールで駅前徒歩一分の立地にある。ここの売りは、その頃人気だった花登筐《こばこ》率いる劇団喜劇公演。藝達者な喜劇人を集め「どてらい男《やつ》」「あかんたれ」「浪花のぼんぼん物語」「ぼてじゃこ物語」と大当たりが続いた。商業演劇全盛の景気のいい時代だった。中日劇場は、コンサートや演歌歌手を座頭にした公演、ミュージカル、コマでやっていた「雲の上団五郎一座[28]」、越路吹雪のリサイタル、歌舞伎だと猿之助の公演、空前のヒット「建礼門院[29]」(北条秀司)といったところ。御園座は名古屋演劇の殿堂。歌舞伎は年に二、三回。十月は東西顔見世興行。新国劇、新派、松竹新喜劇(年二回)、商業演劇が二、三本入って、正月は「三波春夫公演」とかたちは出来ていた。話がかなりそれたが、そのなかの中日劇場で落語公演が一日だけ開催された。それが中日寄席だ。栄(名古屋市の繁華街)のど真ん中に位置する中日ビルの上にあるホールだ。その昔、歌右衛門、雁治郎の顔合わせで大ヒットした「建礼門院」を上演した大劇場である。この劇場で昭和四十二年八月五、六日と二日間にわたって「中日寄席」。小さん一家と弟子たちの公演があった。

わたしの子供のころの自慢は、小さん一門を総領弟子の小せん[30]から全部いえることであった。といっても、このころ一門は総勢二十人足らずではなかったかと思う。とすれば、あまり自慢にもならない。小さん一門論など書いて、小三治師匠がＤＪをつとめる「ミッドナイト東海」という深夜番組に投書したことがあった。今考えると恥ずかしい。

《今月の名古屋寄席の話題の焦点は八月五・六日に中日劇場で開かれた「中日寄席」――〝小さん一家とその弟子たち〟の公演だ。御大の小さんを中心に、未来の寄席界をになう柳派の精鋭がいずれも古典をひっさげて登場。予告された歌奴、金馬、猫八[31]が参加しなかったのがかえってよく、「一門会」という水いらずの形で堂々と日本話芸の真価を問うた。(略)ただ一人つばめだけは近刊「落語の世界」の宣伝に終始して肝心の落語をやらなかったのが残念だった。(略)堂々と正統の話芸をかかげ、大劇場のハンディを乗りこえて成功したのは見事だった。(中日寄席の評)》

歌奴、金馬が参加しないのがかえっていいのではなく、関山先生の本心は「正統な落語を演じない噺家はいらない」と思っていたと推測する。多分、そうであろう。関山先生のそんな声が聞こえてならない。金馬師匠に関しては、金馬襲名披露公演の際に、「かんじんの金馬は、マクラが長く、はなしそのものは疎外された格好。落語史上に君臨した三遊派の名跡を継げる日はまことに程遠い」と手厳しかった。ちなみに、この金馬襲名は大須の余一会。この時に黒門町（八代目文楽）が大須に来ている。歌奴、猫八師匠に関しては「テレビの人気ででてきた連中の芸質がいかに低下しているかは、高座の成績が明白に語る。歌奴漫談調の新作や猫八のものまねがすぐれた芸などとはいえない」と、これまた厳しい。

別に猫八師匠の藝が悪いといっているのではなく、立ち高座が気に入らなかったと推測する、これも多分そうだろう。のちの評で、「和服を着て端正な姿で登場した正統な芸人が立ちばなしをさせられる。どんな理屈をつけようとも和服の芸人が立って演ずることは絶対に誤りである」と。さらに、「その是非は正しい学問的研究が決定する。詭弁は問題にならない」と、大げさなことになってきた。不真面目さが許せない関山節全開だ。大須の番組には、開場時から常に否定的な立場を貫いていた先生も、大須の余一会には温かい目を注いだ。席亭の労をねぎらうような言葉も口にした。

昭和四十二年十月は空前絶後の大顔合わせ、桂文楽・三遊亭圓生二人会が開催された。大須のいつもの笑い（定席）と違い、客席も超満員とはいかないが、熱心な落語ファンを魅了したのであろう。もちろんわたしは見ていない。祖父はこの余一会に行っている。これはあらゆる資料を、資料とは写真や収集していたプログラム、祖父の手帳などありとあらゆるアリバイを調べた結果であるから間違いない。そんなこと調べるあんたは、なんて暇なんだとお思いでしょうが、ただ余一会のプログラムはなかったような気がする。昭和五十年以降の余一会のプログラムはあるが、この当時のプログラムはどこを探しても見当たらない。

昭和四十二年、四十三年あたりの余一会は、今思えば、大須のお客にはもったいないくらいの番組であった。この当時、頻繁に東京の寄席に行っていた人など名古屋では皆無だろう。大衆芸能＝漫才、音楽ショーである、落語の入る隙間は小さかった。文楽、圓生より、かしまし娘であり、宮川左近ショーであり、ダイラケであった。これが大衆藝能である寄席の健全な方向性であった。関山先生には分が悪いが、大衆はこっちの方向を圧倒的に支持していた。当時の演藝ファンはいとし・こいし、ダイマル・ラケット、唄子・啓助はだれでも分かったが、落語会の最高峰、文楽にいたっては、ほとんどの人が顔と名前が結びつかなかった。東京はともかく、名古屋の田舎では、当たり前の話だ。落語といえば、柳亭痴楽、三遊亭歌奴、林家三平……関西のお笑いに対抗できる噺家はそのくらいであろう。小さんでもダメ。三平さんが「よしこさ〜ん、こっちむいて」とやろうが、宮川左近ショーにはかなわない。そういう意味で、大須の余一会は画期的な興行であった。採算度外視の大須余一会が始まったのが昭和四十一年五月、メンバーは落語協会から、文楽、圓生、正蔵、小さん、馬生、馬の助、歌奴、小金馬、志ん朝、柳朝、圓鏡、芸術協会から柳橋、圓馬、枝太郎、痴楽、米丸、夢楽、柳好、伸治、上方から、松鶴、米朝、春団治の三人のみという豪華メンバー。すごいというか、このメンバーがすごいと思える人が当時の名古屋にどれくらいいたか。有り難いと思って通ったのは数十人くらいいたかどうか。そんな数少ない好事家に向けて大須の余一会が開催された。

第四回「余一会」小金馬改め金馬襲名披露公演

《文楽の至芸が印象的。かんじんの金馬は、マクラが長く、はなしそのものは疎外された格好。落語史上に君臨した三遊派の名跡を継げる日はまことに程遠い。

きびしい修業を中止してテレビの人気で出てきた連中の芸質がいかに低下しているかは、高座の成績が明白に物語る。(第四回余一会の評にて)》

まことに手厳しい。

金馬師匠は、テレビ創世記には、テレビに出ない日はなかったというくらいの活躍をした戦後のスターであった。超売れっ子の師匠は落語の稽古をする時間も少なかっただろう。関山氏のこの評はまさに辛辣《しんらつ》だ。金馬で辛辣だから、林家三平に至っては壮絶だ。三平師匠は余一会は結局、この第四回しか出なかったが、これは三平師匠のほうが「余一は純粋な古典派を並べていただき、我々は……」と遠慮していたと思われるが、それでも関山氏は容赦なかった。「高座の上の不作法は、言語に絶するものがあった」「落語は理屈ではなく面白ければいいという考えは誤りだ」と、ギターの伴奏付きの落語を切り捨てた。ちなみに、三平師匠、昼の部「電車風景」、夜「漫談　春のうた」と、一応落語を昼の部にやっている。長年の友である金馬に対して、そして昼夜入れ替えないという制度に対する三平師匠の気遣いであろう。

第四章　祖父から孫へ

1　東京の寄席

祖父は写真師なので、撮影用の道具、道具というのはいわゆる、撮影するときの背景などを買い付けに行くため、あとは東京の下町風景を撮影するため、よく上京していた。新幹線ができたあたり、それでも往復の帰路は在来線の急行「東海」を利用した。懐かしい湘南型の電車だ。小田原あたりで弁当を買ったり、ウイスキーを飲んだり、冷凍ミカンを食べたり、電車の中も楽しんでしまおうという、七十を越えてますます元気だった。

このころなどは、まだ早いと思ったのか、昭和四十年代の寄席のプログラム、家の中を探しても出てこない。祖父は演藝、演劇の部類の番付は几帳面に保管してあった。一度、家の誰かが新聞紙と一緒にちり紙交換してしまって、祖父が怒り心頭、あれだけ怒った祖父を見たことがない。

わたしは時折、人形町で落語会をやっている。あの交差点の人形町末廣[1]の跡地を見ながら、会場がある日本橋小学校の日本橋社会教育会館に向かう。この交差点から都電が走っていた。よく人形町末廣の録音を聴くと都電の音がかすかに聞こえる。昭和四十一年から大須演芸場に行き始めたわたしの心残りは、昭和四十五年に廃業した人形町末廣に行ったことがない。これはわたしにとって人生の痛恨のミスである。頻繁に通っていた祖父からもあまり人形町末廣のことは聞いていない。プログラムが三枚あるだけだ。仕事の関係もあったか、圧倒的に鈴本[2]が多かった。東京の寄席に初めて行くのは、昭和四十四年、このころは祖父は多忙極まれりという感じなので、母が代わりに、連れて行ってくれた。鈴本の昼の部をなんの躊躇《ちゅうちょ》もせず、東京駅に着いてすぐに上野御徒町まで行き、鈴本に直行。新幹線降りてものの三十分くらいで、鈴本の客席に座っていた。この手際の良さは鮮やかで、母もなかなかの粋人だ。田舎から出てくるものは、おのぼりさんといって、初めて大都会東京に行くと、おどおどしてしまい、電車地下鉄などの交通網を駆使して、目的地にたどり着くにはそう簡単にはいかない。情報社会の今と比べると隔世の感がある。スマホも携帯も何もない時代。

「よし、東京の伯母さんのところに行くついでに寄席連れて行ってあげるわ」と、いうことになった。いとも簡単にというのは、前日くらいにいきなり東京に行くかと決めてすぐに実行に移す、これがわが母親ながらかっこいい。当時の主婦としては凄《すさ》まじく、豪快な行動力だ。母親を心底尊敬した。普通は子どもに対しての育て方、教えなどの教育の部分で尊敬するようになるのだが、わたしは寄席に連れて行ってくれたということのみで尊敬するようになるという、変わった親子だ。とにかくこの時代に鈴本に案内するということがどれだけすごいことか、子供心にそれは衝撃だった。

若いころは反抗期がなかった。とにかく鈴本にやっと行けた。東京の寄席にやっと行けたという喜びはなかった。当時の鈴本は、きれいな庭があって、前口の木戸をすませ玉砂利を歩んで、玄関に入って行く。ちょうど、淡路町のぼたん、古い鳥すきの店、この店の玄関先の間口あたりを大きくしたような感じで、風情のある小屋だった。けっして豪華といえない、教科書体の字で書かれた素朴なプログラム。大須と角座しか知らないわたしは、興奮のるつぼと化した。圓生、正蔵、小さんと書かれたプログラムを握りしめ、大切に持って帰った。帰り際に客席に落ちているプログラムを拾い集め、従業員さんに笑われたものだ。初めての鈴本、記憶にある出演者、林家三平、林家正蔵、柳家さん助(3)、小のぶ(4)……漫才の都上英二、東喜美江、もちろん二代目の喜美江さん。この漫才は大須で見ている。さん助師匠の丁髷《ちょんまげ》、小のぶ師匠の珍藝、間違いなく二階席で見た。これを機に、上京しては鈴本に行った。新宿に通い始めるのはその後、昭和五十年代のことになる。

兄が東京の大学に入り、なんと落語研究会に入部した。七つ違いの兄は、わたしとは別腹の子ではないかと疑われるほど、おとなしく言葉も少ない。人前でしゃべることもない内向的な人だ。何を血迷ったか、弟に感化されたのか、どさくさ紛れで入ったのか、なぞではあるが、なんと落語研究会に入って、部長までやった。下宿先が中野にあるから、泊まりに来いと誘ってきた。十三歳のわたしは七十八歳の祖父を連れて東京に出かけた。兄は自慢げに祖父とわたしを新宿末廣亭に誘った。よく演藝マニアであり、落語通のわれわれを案内するなあ…と感心しながら、末廣亭に連れて行った。左桟敷《さじき》の一番後ろに座って、昼の部を鑑賞。昼の主任が圓菊、兄は、この古今亭圓菊をわたしたちに聴かせたかったのだ。このころ一部落研の学生やマニアに絶大な人気があり、あまりの面白さに、誰にも教えたくない、秘密にしておきたいベールに覆われた噺家として、ぐんぐんのし上がってきたところであった。名古屋の学生落研にもなぜか人気があり、圓菊応援隊が出来るほどになっていた。あの内気な人が落語を聴きまくっていることに、兄との距離が断然近くなった。子どものころから一緒に遊んだことがない兄と落語という同一の趣味を通して今、コミュニケーションを図れることが嬉しかった。子どもの頃から真逆な兄弟、兄はロック、ジャズなど洋楽、わたしは邦楽と昭和歌謡、オペラクラシック。兄は小田実崇拝のべ平連(5)、ヘルメットかぶって学生運動、左翼思考、わたしはこれ以上右に行けないくらいの右翼思想、どんなことがあっても八月十五日は靖国参拝を欠かさない。兄はアングラ、新劇、わたしは歌舞伎に商業演劇。右と左の泣き別れ、イデオロギーの違いでは、祖父はいつもこれには閉口気味で「山の頂上は世界平和、そこを目指すならば、右から行こうが左から行こうが、どちらでも構わない。ただし、ちゃんと頂上を目指しているならという条件付きだ」と、なんとも苦し紛れの説教をわれわれ二人にしていた。

新宿からの帰り、遅い夕飯を食べて、中野弥生町の下宿で兄とわたしと祖父と雑魚寝《ざこね》、暑くて、狭くて、寝られない。祖父は小さなベッドから夜中に数回落ちる。落ちても落ちても這《は》い上がる七十八歳、凄《すご》い人だ。そういえば、祖父はよくベッドから落ちる。亡くなるひと月前に、病院のベッドから落ちた。このときは偶然、姉が下の簡易ベッドで寝ていたから、姉の肉布団で一命を取り留めた。昔、全国写真師会の会合が熱海であって、ホテルのプールにスーツ姿で落ちたことがある。祖父はもちろん、この時七十代後半のはずだ。若い写真師が「加藤先生がプールに落ちた」と、大騒ぎになった。とんだ笑い話だ。何かのセレモニーでひとりだけラフな姿で出席している写真があるがこれがおかしい。「子ほめ」に出てくる昼寝している爺さんのような、実にそそっかしい祖父である。

一番早く起きた兄は、朝から圓菊論を語りはじめる。われわれに落語論を語るとは、しばらく会わないうちに随分、成長したものだ。わたしはそれでも兄の話に耳を傾けなかった。兄は翌日も寄席に案内するというので、わたしは兄と行くのが厭なので、「好きにさせてくれ」といって、池袋演芸場の昼席に行った。このころ池袋は土曜日になると昼席だけやっていた。好生、円之助、歌笑、木久蔵、馬楽[6]、圓平[7]、さん助、三蔵[8]……貴重な噺家を堪能した。歌笑師匠は代演のときは必ず「今、家でコイコイやってて、穴が開いたからすぐに来てくれって落語協会から電話があって、穴埋めるのは男の仕事だってんで、すぐに駆けつけてきたわけで、お客さんもわたしの顔見て、どっかで見たことあるってね、仁鶴の隠し子だっていわれている、ちょいと昔は、あたしの顔一回くらいはよく地下鉄のなかで見たと思う。あのキャバレー日の丸の広告に出ていたん、あれで随分稼がしてもらって、中野に家建てたン」などと、決まりのまくらをしゃべって、噺に入った。この師匠、ずいぶん聴いた。代演が多かった。「馬のす」「馬大家」「旅行鞄」軽くて良かった。

圓平師匠、幇間の形で扇子広げて登場、いきなりセリフからはいっていく「素人義太夫」。三蔵[7]師匠、あの顔で「粗忽長屋」はおかしすぎる。十五分の高座笑いっぱなしだ。好生師匠は「がまの油」をよく聴いた。今思うと聴きたかったのは師の十八番「片棒」。当時の池袋は、階段を三階まで行ってたどり着くと鰻の寝床のような楽屋に噺家さんが入っていく。その様子がよく分かる。馬楽[8]師匠は紋付き外套をひっかけ楽屋入り。これを見るのが楽しみだった。志ん好師匠を見たのも池袋だった。当時は分からないが、子供心にこれは大変なものを見ているんだなあと感じていた。明治生まれの噺家を目に焼き付けた。これは貴重だろうと思った十三歳のわたしはやはりすごい。

圓菊師匠、亡くなる前、寄席に出ていた最後の頃、お話する機会があり、関山先生にはまっていたこと、大須のことなど懐かしい話になった。話の最後に「わたしはどんな高座でも漫談や小咄だけで降りてきたことは生涯一度もないんだよ」と、いっていた。これを聞いて、落語道に実に忠実なところは、関山先生好みだ。

昭和四十四年から四十五年というところは、鈴本に行くことが数回あったと記憶する。家族旅行で伊豆に行った。父は姉、兄と伊豆からそのまま帰った。母とわたしは折角だからといって東京へ寄ってから名古屋に戻った。変な家族旅行だ。普通、バラバラには帰らない。折角だからといったって、伊豆の今井浜から東京へ行って、また名古屋に戻る。折角というより、これは最初から東京に行くのが目的だったといっていい。母親はわたしに寄席を見せるという教育があったのであろう。

今年九十二歳になる母親にはいまだに頭が上がらない。この伊豆旅行から鈴本に行ったときに見たのは、わたしのなかでは現存する最古のリアルな寄席の記憶である。小のぶ師匠の珍藝、さん助師匠の「湯屋番」、もちろんあてぶりの夕暮れなしの落語のみのバージョン、もちろん丁髷のさん助、談志家元を初めて生で見たのもこの時。林家(八代目正蔵)はおぼろげな記憶、子どもにはつまらない、休憩タイムだったのだろう。三平師匠はリズム落語、小倉さんのアコーディオンの記憶。トリの圓楽師匠の代演でつばめ[9]師匠、これは強烈だった。「歯医者の恐怖」、今でも鮮明に覚えている。九歳の子どもがネタまで覚えている。これはすごい、わたしの自慢だ。母親からソノシート、いわゆるレコードを売店で買ってもらった。片岡鶴八[10]の物まね玉手箱、三亀松のお色気都都逸など。こんなものを子どもに買ってやる母親はすごい。買ってやったのか、わたしが訳もわからず、欲しいといったのか、それは分からない。ただ現に、家に鈴本特製のレコードがある。

ただ昭和四十四年から四十五年というあたりで、鈴本に行ったというのが、なかなかの運で、鈴本が四十五年に改装取り壊しになって、今のビルの鈴本が昭和四十六年に開業するのである。あの風情ある鈴本に出合えただけでも良かったという思いだ。本牧亭にも、東宝名人会にも間に合い、こうなると人形町末廣だけが、心残りだ。

確か、昭和四十六年だったか、わたしが小学校の五年生のときというほうが記憶にぴったりくる。祖父に、どうしても東京の初席を観たいといい出したらしい。全部観たいと。そのわがままを祖父は、入れ替えなしの三部制の浅草演芸ホールで見せてくれた。大事にとってあるプログラム、朝から夜まで、祖父はわたしに付き合ってくれた。

寿　初席
一之部
圓弥
さん吉
米蔵
燕路
小三治
さん助
三球・照代
志ん馬
貞丈
（仲入り）
鯉香
つばめ
圓蔵

猫八
金馬
染之助・染太郎
小さん

二之部
生之助
龍一
好生
悦朗・艶子
さん生
円之助
紫朝
圓鏡
(仲入り)
英二・喜美江
こん平

圓窓
富士夫
談志
三平
好江・桂子
圓生

三之部
旭生
木久蔵
照蔵
圓太郎
時蔵
枝二
正楽
馬楽
圓楽

歌奴
小仙社下
志ん朝
（仲入り）
文蔵
美智子・ひと美
小せん
文治
龍光
柳朝
馬生
かつ江
正蔵

落語協会のこの当時の地図を見せるという意味において、浅草のこの番組が一番分かりやすい。おそらく、当時の協会の主だったところ全部出ていると思う。トリの小さん、圓生、正蔵というところも理想的、この番組を一気にそれも浅草で見せるところが祖父の配慮だ。

2 祖父のこと

祖母はわたしの生まれる前に亡くなっている。祖父は趣味の多い人であった。大正三年にカメラマンを志して、写真の修業に入った。この時代にカメラマンを志したというから、ハイカラな人であったということは間違いない。三人の孫がいて、末っ子のわたしが一番かわいがられた。というか、わたしの教育係を祖父が一手に引き受けていた。教育といっても、自分の好きなもの全般、古典藝能、邦楽、歌謡曲、野球、プロレス、政治学、食文化、温泉旅、書道……学校で勉強することはまったく無視であった。温泉旅は何度と出かけた。付き合わされたというのが正しい。複数回行った温泉、湯河原の加満田、白骨温泉の齋藤旅館、ここは風情がある。井伏鱒二の小説に出てくるような感じ。白骨は平成の秘湯ブームの火付け役になった温泉場。本来は湯治場、今は上高地へ行く行楽客でごった返す人気温泉。湯元齋藤旅館。人気の宿泡の湯もあるし、白船荘新宅旅館という老舗もあるが、祖父は齋藤さんを定宿にしていた。齋藤旅館でなくては、白骨に来た意味がないということをわたしに訥々《とつとつ》と語って聞かせた。何をそんなに熱くなっているんだろうと不思議で仕方がなかった。熱くなるときの祖父の話はほとんど聞いていなかった。ところが、その時は聞いてなくても、何十年たった今でも、ポイントは覚えているから不思議だ。

修善寺は、のだや去留庵、ここは火事で閉館する。その後は、新井旅館。ここも三回行った。東宝の喜劇映画の撮影の舞台になったんだと、風呂に浸かりながら、ここで森繁がこういう台詞《せりふ》をいって、伴淳がここでこういう芝居をすると、延々と風呂場で語り続けた。父母の新婚旅行が新井旅館だということを後で聞いた。湯河原の加満田さん、ここの先代の女将さん、TV番組「スター千一夜」で坂本九ちゃんが、加満田のお母さんと呼ぶ、親代わりのような人。加満田のお母さんがいつも僕を叱ってくれる……云々《うんぬん》のコメントをよく覚えている。このときすぐに、電話帳で湯河原の旅館を調べて、鎌田で調べたら、加満田であったこと、もう五十年近く前の話、こういうどうでもいいことをわたしは覚えている。湯河原でも、奥湯河原、つまり高級温泉旅館が邪魔にならないほどの絶妙な距離感で佇んでいる。そんな豪華旅館群のなかにあって、実に控えめな旅館だ。祖父はこの旅館のあり方を絶賛していた。あり方、どういったらいいのか、この旅館のコンセプトが、人のあり方のすべてだと、この旅館のおもてなしをよく見ておきなさいと、小学生のわたしにいうから、子供心にめんどくさいなあ、と何度も思ったものだ。

この加満田さんに行ったとき、祖父はおもむろにわたしにいった。

「今回は湯河原でゆっくり静養しよう」と、ここまでは分かるが、付け加えた言葉に、わたしは仰天した。

「せっかくの休みなんだから、歌舞伎や落語のことは忘れて」

これは、すごい言葉だ。今でも思い出すこの言葉。落語のことや歌舞伎談義することが祖父にとって仕事なんだと、この時、認識した。同時にどうやらわたしのなかにも、将来、こういう藝事の関係の仕事をするんだなあと、意識のなかで小さく決断したのかもしれない。

食道楽という言葉は、祖父にぴったりだ。旅館同様、飲食店のあり方も人生、その人の生き方と比例するようなことを何度もいっていた。とにかく、食べ歩きが好きで、普通の店には行かない。昭和四十二年「名古屋味覚地図」という今でいうグルメ雑誌が刊行された。グルメなんていう言葉がない時代、このころは食道楽といっていたのか、とにかく、名古屋のうまいものはほぼ制覇したと思う。とんかつは「八千代」、錦にある五階建ての細長いビル、一階と二階、確か、二階の左部分が特別室、電車でいうところの二等車、これは古いか……。グリーン車のこと、こっちのほうがわかりやすい。とんかつではなく、ステーキを食べる人が入るところという子供のころの認識。このとんかつを食べたときの感動はいまだに忘れられない。何回も行った、ここのとんかつを食べ尽くした。飽きもせず、名古屋に帰るとすぐに行った。今はこの店はない。ここで修業した弟子たちが名古屋の方々で、この味を受け継いで店をやっている。ただし「八千代」の名前はない。名古屋のとんかつは、檀渓通りの「気晴亭」、大須の「すずや」、このあたりはいまもある、あと納屋橋の「なべや」、ここはなくなった。松坂屋の地下のお好み食堂。おのずとデパートのファミリーレストラン街は当時、あまり味の評判はよろしくなかったのだが、ここのお好み食堂の「とんかつや」だけは別格中の別格であった。パン粉をミルクで浸したもので、豚肉を低温で揚げる。まさに絶品だ。デパートにふだん行かない祖父も、ここに行くために松坂屋に行った。もちろん、ご主人も亡くなっているが、この味に近いものを今も松坂屋のお好み食堂で出している。串カツでいえば、代官町の「とん八」、ここは日本で一番の串カツ屋である。嘘ではない、日本一。わたしがいうから間違いない。間口の狭い細長の小さな店。ここは、二代目がやっている。仕事の合間、タクシーでわざわざ駆けつける東京からの常連も多くいる。どんなにメジャーな串カツ屋が名古屋に沢山できても、この「とん八」が串カツの店の最高峰であることは間違いない。名古屋といえば鳥、名古屋コーチンだ。当時、名古屋の接待は鳥と決まっていた。

御園座に来る役者衆、藝人さん、皆さん鳥料理店を〝定店〟にしていた。古くは森繁久弥、名古屋の仕事の時は必ず「鳥久」。雀右衛門丈は今池の「濱金」。このあたりは、鳥専門の料亭クラス。祖父は「鳥孝」、こちらはごく庶民的。泥江町のバス停前、これは「ひじえちょう」と読む。名古屋駅正面の道、桜通りをまっすぐ五分も歩くとあるが、看板が一枚あるだけ、存在を隠すようにある家だ。とても商売屋に見えない。ようやく灯が灯るころ、それなりの料理屋に見えるが、やっぱりどう考えても民家だ。祖父はこういう、あまり前に出ない店が大好きだ。

「うちは老舗、イチゲンサンお断り！」というテイの店が嫌いである。

あとは、納屋橋の「宮鍵」、これは落とせない。鳥とくれば、名古屋はもうひとつ鰻が自慢である。熱田の「蓬莱軒」は、全国区、ここはひつまぶし。むつみ小路の「いば昇」、この店は古い。もうひとつ山口町の電停前、「西本」。このうちも古い。祖父の写真館と同時期、昭和三年の創業。先代のおやじは喧嘩っ早い人だった。「蓬莱軒」は熱田神宮の参道にもあった。いや今もあるか。ここへは参詣のたびに行った。「いば昇」は出前が多かった。日曜日仕事で家中いなかった時、夜出前を取った。祖父は「『いば昇』に出前を頼むのはうちぐらいだ」と、自慢していたが、「いば昇」さんの出前のオートバイを町内でよく見かけた。うなぎ釜飯となると、これは舎人町の「蓬莱」の独壇場。ここはうなぎ釜飯専門。長屋の角にある昭和初期にタイムスリップしたような家だ。今もあるが昔とさほど変わっていないのが嬉しい。注文してから釜をかけるので、一時間は待たされる。店構えの割に、客筋がいい。ここも藝能人御用達の店だ。お勘定は居間でする。仏壇があって、先代の遺影がある。お茶でも出されたら、ごろっと横になって新聞でも読みたくなるような空間だ。これはいつ来てもおかしい。

音聞山に「松の実」というカレー専門店があった。祖父に連れて行ってもらったときは閉店間際で、なんとかカレーライスにありつけた。音聞山は遠い。親類の葬儀の時、八事《やごと》の火葬場に行って、時間つなぎに、急に祖父が思い出したように、タクシーを走らせて、喪服を着たまま「松の実」に行った。「松の実」は、八事の近くだ。火葬場で「松の実」を思い出すのは祖父らしい。それだけの店なのである。とにかく営業時間が昼間の二〜三時間。営業日にいたっては、週三日という幻の店だ。温厚そうな初老のマスターが一人でやっている。店がなくなって、もう四十年くらいになるが、いまだに名古屋市民でこの店とマスターを忘れない人が多くいる。

大須はうまいもの屋がない。昔は味噌煮込みの「山本屋」があった。「山本屋」ののれんに、元大須といれていたが、もうそう記さないかもしれない。ほかは、とんかつの「すずや」、ここの店の町内に「矢場とん」本店がある。こちらは、東京にも進出した全国区。ところが大須は「すずや」なのである。大須には「百老亭」がある。先の痴楽師匠の行きつけでわたしもよくご馳走になった。わたしはここの餃子、子供のころから計算すると五万個は食べた。間違いない。今あげた祖父に連れられて行った名古屋のうまいもの屋は、昭和四十年代の名古屋がある意味、一番活気のあった時代の店で、随分なくなって、名古屋の味覚地図も様変わりをしたのは事実だ。ここに列挙した店は、グルメという言葉すらなかったころの話である。祖父は店に入ると、店で起っているすべてのことを凝視していた。店のあり方が、主人の生き方であると、そんなこと小学校の子供にいわれても、分からない。どうあれ味は後だ。店そのものの持っているエネルギーがいいものであれば、喰わなくても、いいものを喰わせる店だということは分かるという。いわゆる店の姿勢とその店の味は比例するということだ。連れて行ってもらったすべての店、わかるすべもないが、とにかく子供心に味に感動したのは事実だ。祖父に連れて行ってもらった店の味は、いまだに忘れない。

わが家の夕飯は早い。六時前にはすませていた。祖父は母親の夕食の献立が少しばかり気に入らないと、半分くらい残し、わたしを連れて銭湯に行ってくるといい残し、何度となく外食をした。カレーライス、ハヤシライス、クリームシチュー、チャーハンなどのカタカナの献立の時が多かった。わたしは満腹なのに、付き合わされた。ひとりで晩酌しながら、うまいものを食べた。わたしは祖父に、「これ食べたら演芸場にいってもいい」と、許可をもらって、祖父にもらった五百円札を握りしめて、割引料金入場で大須演芸場に入った。ひとりで寄席に入るのはやはり度胸がいる。当時は七時過ぎでもよく入っていた。切符をお客に紛れて、買い、入った。こういう経験は積み重ねで、だんだん緊張感がなくなってくる。通ううちに支配人が顔を覚えてくれた。ここまでくるのには、かなり時間がかかった。

3　人生ハッタリ

勉強に関しては、親はあまり熱心でなかった。宿題をやらずにいても何もいわなかった。テストでひどい点を取ろうが、通信簿が低空飛行でもいたって、無関心であった。小学校、中学校といつも赤点、ところが高校に入って、現代国語、古典はトップクラスを最後まで走り続けた。高校の時は教師が古典のことを教えて欲しいとわたしに聞いてきたくらいだ。勉強は出来なくても書道は無理矢理やらされた。母は字がうまけりゃ、何とか人生はごまかせるといった。すごい母親だ。書道塾に行かされた。名古屋駅の近く泥江町《ひじえちょう》の書道塾、名古屋には錚錚《そうそう》たる顔ぶれの書道家がいた。八十近くの老先生、スパルタである。小学一年の子供がバスで通った。週に三回。こんな必死にそれも遠路を書道塾に行く小学生は前代未聞である。夏場などはクーラーのない長屋で狭い座敷で汗だくになって書いた。猛暑の折はその家のおばあさんが、氷を生徒の口のなかに割り箸で次々に放り込んだ。百枚書いても丸が貰えない。最後に一番自信のある字を提出して、先生に批評をしてもらって終わる。それでも五段くらいになり、書道雑誌に掲載されるようになると、今度は何を血迷ったのか、中学に入って、新しい家の近くの先生宅に再度入門させた。この先生は楷書の神様、五段くらいまで上り詰め、またやり直しだ。それでも今回はすいすいいき、師範手前まで行った。この間、何々賞とか、よくある賞をたくさんとったが、免状もトロフィーもまったくない。全部捨てたのだろう。まったく興味がないし、親からの、書道の目的は人生ハッタリが効くという言葉が体に植え付けられているから、仕事に生かせればいいと思っていたのだろう。

あれから五十年たった今でも、夏の暑い日になると、氷を頬張りながら、習字をした記憶が蘇るのである。一度泥江町のバス停で母親に「もう頼むから、書道をやめさせてくれ」と、懇願したことがあった。そのとき、母は「何が頼むだ！　もういっぺんいってみろ、頼むという言葉は田を飲むといって、お百姓さんに対して失礼だろ！」と、ものすごい剣幕で叱られた。母に叱られたのは、後にも先にもこれっきり、それにしても叱り方が変だ。お百姓さんと書道塾を辞めることとどういう関係があるのか、完全なすり替えだ。やはりわたしの母親はおかしい。そこまでして書道を続けさせた。何度もいうが、人生ハッタリが効くというのも、純粋な小学生にいう言葉ではない。

この母親の「人生ハッタリが効く」という言葉が、わたしのなかに、ずっと入っている。親が子供にいう言葉ではないんだが、わたしの人生にこの言葉はかなり影響を与えている。現に、書道をやっていたおかげで、入社試験、その後の商社時代の商談成立などに大いに役に立った。商談でも入社一年目のぺいぺいでは、相手側のベテランのクライアントとの商談は難しいが、わたしは、字がうまいというだけで、さしで商談ができた、というより信用された。あとは接待に持ち込めれば、商談としてはこちらの優位な展開になる。まあ、そういう時代であった。今は無理だろう。接待にさえ行けないし、マージャンも打たない。字がうまかろうが、そんなことは通用しない。今の時代でなく、あの時代でよかった。人生はハッタリ、いい言葉ではない。でも、わたしはこれで生きていくんだという、無意識の中で決意するのである。子供のころからこういう生き方をしていくと、うまくいかなくなったときに、全て親のせいにしたりする、こうなってくるとまずいのだが、わたしのなかで母親は先にもいったとおり、次元の違うところで尊敬しているので、親のせいにするというゲームは一切やらなかった。実に偉い子供だと思う。誰の責任にもしない、全ては自分の選択で自分の責任だという、交通事故にあって大けがをしようが、例えば、屋根の瓦が落ちて、額を割ろうが、落語の「天災」、まったくあの通りで、すべて自分の選択で、自分の責任であるということは心得ていた。実に感心な子供であった。誤解を恐れずにいえば、わたしがジャンボ機に乗っていて、その便が墜落して命を落としたとしても、航空会社が悪いのではなく、その便に乗ったという、自分の選択、自分の責任だという…、これは極論ではあるが、それが母親の教えのすべてであった。行動のすべては、いやいやだろうが、命令されてやらされたであろうが、すべて自分の選択でやったという……そういう考えでいなさいという教育、これが母親のわたしに対する教育であった。そして、その上で、生き方はすべて藝事から教わるんだという教育、母も祖父も藝を鑑賞する場合、わたしには決して評論家になるな、楽しい、嬉しい、悲しい、切ないなどの感じ方をすごく大切にしなさいといわれた。頭で聞くな、体で受け止めろ、感性をみがけという教えであった。

あの「勧進帳《かんじんちょう》」は……あの「富久」のあの演じ方は…などどうでもいいと、ようは「勧進帳」の富樫《とがし》を見て、どう感じるのかがポイントであり、勘三郎がやろうが、松島屋がやろうが、それはどうでもいいと。勘三郎の、勘三郎の富樫を見て、体がどう感じるのか、哀しくなったのか、切なくなったのか、ばかばかしくておかしいのか、まずは感じ方を大切にして、そこから学べと、必ず自分の生き方の参考書になるという、知識なんか身に付けても、お前さんそれで飯を喰っていくんじゃないから、その必要はないと、祖父も母も死ぬまでいい続けていたものだ。母はまだ生きているが。

父親は仕事一筋、藝事に関心がない、人にも興味がない人であった。父親と腹を割った話をしたことなど一切なかった。この五十七年間、父親との会話は、原稿用紙に五枚くらいあれば十分というくらい、それほどまでにコミュニケーションがなかった。わたしの基準は、藝事一般、いわゆる歌舞伎や芝居、落語などの古典藝能、あるいは昭和三十年代までの映画音楽、これは邦楽洋楽問わず、まあこのあたりの話ができないと、その人との会話が成立しない。父親とは無論、会話がなかったのも当然であろう。

祖父がわたしが中学にあがるまで面倒をみてくれたといっていい。芝居も寄席も、キャバレーも、そんなもの世話してくれなくてもいいが、ほかにダンスホールにも連れて行ってくれた。祖父が行くと、必ずバンドマスターが「エストレリータ」で、お迎えしてくれた。祖父は、映画や音楽、藝能すべてを教えてくれた。音楽は和洋なんでもあり、ジャズ、ロックといけるが、ただ祖父のアキレス腱は、クラシックだった。このあたり、談志家元ととてもよく似ている。もっといえば、すべての歌手のなかで、好き嫌いでいうのでなく、うまいとか人気とか、ヒットの数などを含めて、女性は美空ひばり、男性歌手は岡晴夫だと断言していた。談志家元は、三橋美智也だったと思う。

祖父は映画通でもあった。邦画洋画どちらも詳しい。祖父の凄《すご》いとこは、嫌いな映画でも、特にそういう映画に関してむさぼるように観た。芝居でも、民藝とか、俳優座とか、祖父のどちらかというと好みでない芝居も足繁《あししげ》く通った。どうして受け入れられないのかを徹底的に追究した。追究も外に向けてではなく、内側に向けて、つまり自分自身に問題があるという観点から追究するからすごい。明らかにこういう部分をわたしが受け継いでいるとつくづく思う。

わたしは、今、席亭の真似事《まねごと》のようなことをやっているが、落語会を開催して、一発目から大入りとなると、やる気が出ない。どんなことでも共通しているのは、うまくいくことに興味がないということ。落語会でも、まったくお客が入らないとなると、ますますやる気が出てくる。もう二十年くらい前か、「歌の入る落語会」という企画をやった。二、三回やった。まったく客が入らない落語会をやっていたなかで、この会だけはいつも超満員の完売、うまくいって、お客にまたやってくださいといわれ、すぐにやめた。うまくいくことはつまらないからだ。

こういう行動はまったく祖父譲りだ。たしかに、祖父は仕事でうまくいきだすと、すぐにやめてしまい、また新しいことに手を出していた。なにか嫌いとなると、嫌いだといっている自分は、自分のどんな観念に触れるのか、とことん追究していた。なぜ、新劇が嫌いなのか、新劇がいいとか悪いとかというのではなく、新劇が嫌いなのは、なぜだろうと内観し始める。分かりやすくいえば、世界の黒澤明が作る映画が大嫌いで、こよなく松林宗恵《まつばやししゅうえ》や杉江敏男を愛する祖父であった。松林宗恵なんかは、自分の作りたい映画を作らず、仕事と割り切り、惰性でやっている、その力加減が最高だといって褒《ほ》めまくっていた。杉江にいたっては、松林に代わって、「社長シリーズ」をしょうがなく引き受けて、シリーズ最高傑作の「漫遊記」「洋行記」を完成させるすごさ、これは脱帽ものだといっていた。反対に、黒澤作品は全部見ていたが、日本で一番嫌いな人は黒澤明だといっていた。世界の黒澤と何かあったのだろうか。あるわけはないが……どこまでも不思議な人だ。

今は落語ブームといっても、二ツ目が中心で活躍が著しいということになるだろうか。音楽や演劇といった娯楽に比べて分母が少ないところへもってきて、落語というものはある程度の人数でのライブ感を求められるので、大きな会場でもせいぜい五百くらい、どちらかというと三十人前後の会が盛況で、そんなに多くの人が動いているわけではない。そういう意味で昭和五十年代と比べ、落語ファンの数はそんなに変ってはいないのであろう。ここでいう落語ファンというのは、月に数回、落語会や寄席に出かけるという人というのが、わたしの認識であるが。

今は、イケメン、着物男子、二ツ目、成金などのユニット、シブラク（渋谷らくご）、深夜寄席の行列、着物女子、アニメ落語心中……などのカテゴリーがあれば、落語を紹介する三十分のテレビ番組や一冊の落語雑誌が簡単にできるそうだ。それでは、この番組、最後に、今の落語の繁栄を支えてきた○○師匠に、お話を伺います……なんていうところまでいかないのである。こういう小さなライブを支えている層（お客さん）に、わたしの今やっている赤坂倶楽部に来てもらおうと、必死に、そんなに必死ではないが、とりあえず、網を張っているのだが、なかなかこっち側には来ていただけない。シブラクから、赤坂の踊りの稽古場の落語会にはなかなか来ないのが現実だ。

でもいつかは、こっち側にも来てもらえるかもしれないと、待つ気持ちは楽しい。つまり来ても、来なくても、どちらも楽しい。ただ少なくとも、渋谷で奇跡的に落語に出合って、落語って結構楽しいじゃん、なんていう人に、これも奇跡的にこっち側（落語という藝能を愛しているファンが引っ張る落語会）に引きずり込む企画をしていく責任があるような気がして、なんとかふらふらになりながら、執念で赤坂や浅草見番、人形町なんかで落語会を月二十本って、ほぼ毎日じゃないかと……よくやっていると思う。ただ内容は、落語初心者をいきなり上級者向けのものに引きずり込まないようにしないといけない。

わたしでもたまに、落語のアニメの原画から飛び出してきそうなイケメンの落語会なんかを珍しくやったりすると、わたしの会では見慣れないような女子がわんさか押しかけ、もううっとりして、その噺家を見ている。とにかく、至近距離で見られればOKという感じ、落語そのものより、その人とその場のエネルギーを共有するワクワク感を楽しんでいる。

こういう噺家が集まってやるユニットも結構評判がいいが、やはり所詮、ひとり狙いなのである。つまりユニットでもご贔屓《ひいき》はひとりいればいいのである。ただ大好きな噺家がやっているユニットだから、ほかの噺家も一応ついでに見るという感じ。ユニットはこの少人数集団のなかで何か化学反応が起きるのではないかと客は期待する。ただ集まれば面白いのではないかという錯覚を狙ってやっているのだろう。一度、このことを談志家元に尋ねたら「そのとおり、客の心理をとった錯覚で、糞面白くもない。集まりゃあいいと思っている。馬鹿は群れたがる、藝人が群れると客は聞きたがる。面白いんじゃないかという錯覚」といっていたのを思い出す。

今はやはりひとり会だ。その人のワンマンショー。これはやりやすい。その人のファンを集めればいいだけ。その噺家のファンは、落語を聴きに来るのではなく、その人を見に来る。ひとり狙いなのである。難しいのは二人会。いい顔付けでも、お客はさほど入らない。よほどうまくセッティングしないと、そっぽを向かれる。この頃合いと組み合わせてやる時期が微妙にずれると、痛い目にあう。この時期が難しいのである。まだ早かったり、ここは勝負と打って出るほうがいいとか、すぐにやって今は駄目だが、続ければ突然に開花するだろうと、まずはやってみるとか、打つ手はいろいろで、興行のプロの腕の見せ所。今も昔も興行のプロと呼ばれる人は、ビジネスとしてのキャリアは持っているのだが、不思議と落語という藝能と噺家さんのことを分かっていない人が、わたしも含めて多い。わたしなんかは、数多くの落語会をことごとく失敗させている。大まかにいえば、通算二百勝八百敗くらいか。この間やった「錦秋四景」というあまりお目にかかれないベテランの師匠方を並べた会、ひさしぶりにわたし自身充実の夜であった。感謝の気持ちを言葉にして帰っていかれるお客さまをお見送りして、帰路につく。道すがらいつかは、こういう会で客席を一杯にしたいと、人間、この、いつかは……というのが曲者《くせもの》で、いつかいつかといっているうちは実現が百パーセント無理なのである。

「今度いつか飲みましょう」なんて、絶対に無理。いつかという約束ほどあてにならない。わたしが本気で、一杯にすると決めない限り、「四景シリーズ」は無理だろう。祖父のそんな声が聞こえてくるような気がしてならない。古くからの友人が「あんたほど自分ファーストで落語会をやっている人はいないね」だって。そうでなきゃ、こんなに長続きはしないのである。

わたしには、いわゆる落語初心者で、個人の追っかけのファンの人たちになんとか、落語を好きになってもらおうなんていう気持ちはさらさらない。まるで小池百合子のようだが、本当、さらさらない。だが、このたびの人生で、ひょんなきっかけで、落語に一瞬でも触れた人には、どうあれ落語の世界を一通り体験してもらいたいという思いはある。一度の人生、一度も落語を生で聴かないで死んでいく、寄席に一度も行ったことがなく死んでいく人、これは寂しい。だんだん大袈裟《おおげさ》になってきたが。寄席に一度も行ったことがない年寄りなんて、いくらでもいるし、ほとんどの人がそうだろう。これはこの世代が悪いのである。自分が興味がないから、子や孫を寄席に連れ出すなんていうことすらない。わたしは、祖父が落語が好きだったから寄席に出合えた。こういう奇跡がない限り、やはり落語に出合うのは難しい。今は、この手の番組が増え、メディアの片隅にでも取り上げられるようになったので、少しずつ落語との出合いは増えてはいる。

もし、〇〇さんが大好きで、追っかけしているとしたら、この〇〇さんの職業である落語というものを知ってもらうために、落語をやっているこの世界のメジャーな人(先達)の落語を聴いてみるということをしてもらい、もし「えぇ〜っ、落語って面白いじゃん」というふたつめの奇跡が起こったら、今度は、噺家さんが一杯出ている寄席に行くとか、おっかけの好きな噺家が出ている落語会に行くとか、人気者が出ているホール落語会に行くとか、料金の手頃な深夜寄席などに行くとかしながら、やっぱり○○さんがいいならそれでいいし、わたしはやっぱりジャズライブだ、ミュージカルだ、芝居だ、演劇だ、歌舞伎だって好きなところに戻っていったらいい。どこへ行こうが構わない。落語は奥が深い、ますます興味をもった、わたしもこれから聞きまくるぞ、という第三の奇跡が起きたら、そろそろわたしの網にかかってくるのを楽しみに待ってみようと思う。

奥が深い藝能だといって、ほぼ半世紀、落語を聴いてきたわたしの結論は、落語は面白ければいいという単純なところに行き着く。落語を生業《なりわい》にしているものがこんなことをいうのは、おかしいが、落語という藝能は年に一、二回、それも目的なしで寄席にふらっと入って、ぼおっと聴くもので、その程度のモノだということなのであろう。そして、その程度のものをわたしは、誰よりもこよなく愛していると断言できる。

談志家元に、あの読売ホールでの「芝浜」の後、お話しする機会があって、「落語なんてあんなもの、家元が会心の『芝浜』をやろうが、この後、三橋(美智也)さんが出てきて『♪ひとおおおり〜〜しょんぼおおり〜〜』って、一節やれば、全部あっちに持っていかれる、所詮、落語なんてその程度の藝ですよね」といったら、ひとこと、嬉しそうな笑顔で、「まさにその通り、勝てやしない、勝てるもんか、落語なんてあんなもの」。

わが家のどこかに、このときの録音がある。

先日、ある二ツ目さんのスケジュールの手帳を見せてもらった。来年の春先まで予定がびっしりで、その手帳が真っ黒になっている。まさに二ツ目さんバブルだ。これが世間の一部でいわれている落語ブームの源なのであろう。「東京かわら版」を見ると大小さまざまな落語会が百花繚乱だ。そして、高座にあがる二ツ目さんの多いことに目を見張る。

「今の若い人(二ツ目をさして)は恵まれている。俺たちの(二ツ目の)頃は、まったく仕事がなかったもの」と、ある若手真打ちの師匠の言葉、むべなるかな、まさにその通りだ。今の人気二ツ目さんのひと月の高座数は尋常ではない。落語界この十年で、これが一番の様変わりだ。それだけの高座数だから、明らかにこのクラスの噺家個人のレベルが上がっていることは確かだ。お客もかなりレベルの高いところを期待するようになる。今のお客さまは、とにかく刺激を求めてくる。噺をオーソドックスにやっていては客が付いてこない。客が驚愕《きょうがく》するような刺激を与えなくてはいけない。荒行く会場行く会場、それなりにお客は入っている。そういう場所では、なかなか冒険できない。荒削りの覚えたての噺はやりづらい。どうしてもこうなるとやりなれた鉄板ネタということになる。仕事がなかった時間を過ごしてきた師匠方からいわせれば、贅沢な悩みだ。面白いし、若いし、イケメンだし、特に若いという条件が大きい。二十代三十代の若手噺家、このあたりと同世代の客が右へ左へわさわさと動く。この人たちが、今の小さな落語会の原動力となっている。

相撲でも同じようなことがいえて、もうすぐ関取という幕下の上位どころが一番面白い。このあたりの相撲は活気があり、熱がある。関取というライセンスにあと一歩というところが一番肝心なのである。噺家さんもこの二ツ目という時代をどう過ごすのかにかかっている。二ツ目にあがった二、三カ月というところが勝負どころだ。

落語という藝能が好きで、入門してくる噺家さんが最近は少ないと聞いた。

お笑いをやりたいとか、落語を通してのその次に照準を絞っている人もいる。どうあれ、その目的が明確な人は、必ずそれを手に入れている。そのあたりが曖昧《あいまい》だと難しい。売れたい、稼ぎたい、笑わせたい、テレビに出て有名になりたい、冠番組を持ちたい、なんだって構わない……。柳亭市弥さんというイケメンの噺家がいる。人当たりが良く、人間もいいからだれからも愛されている。ラジオやテレビのレポーターなんかも、器用にこなして、そこそこ忙しい。この人の噺家になった目的が、実に明確だ。売れたいとか、落語がうまくなりたいとか、冠番組を持ちたいとか、そういう意欲がまるでない。とにかく仲間で楽しく酒が飲みたい。ただそれだけ。ほかに何もない。美味しく楽しく酒が飲めればそれでいい。実に明確。だからこの人の人生、実にうまくいっている。明確なぶんだけ、それを手に入れている。身内からは、子どもが生まれるんだから、しっかりしなさいよ、といわれるが、この人はしっかりしている。人生の第一目的は、楽しく酒を飲む。そして、第二は家族を守る、この順番は揺るぎがないのである。人生の目的が明確な人は生き生きしている。家族のことより「まず酒が第一」というのは、噺家らしくて実にいい。

第五章　芝居鑑賞覚書

其の一　昭和三十八年九月　十一代目市川團十郎襲名披露大歌舞伎　名古屋御園座

これも鑑賞記録になるのか怪しいところだが、祖父の死後でてきた黒革の日記帳には、「浩と芝居見物」となっているので、わずか三歳で三等席の客になっていたのであろう。これもあとで聞いた話だが、御園座の地下食堂の清富のおばあさんが「あんたの小さいころ、柿落《こけら》としに特別に(劇場に)入れてもらったんだよ」と、わたしにいったのを覚えている。御園座が新築され、その柿落とし興行を、なんと十一代目團十郎襲名大歌舞伎公演に持ってきたのである。つまり今の海老蔵さんのおじいさんの團十郎。これがわたしの最初の芝居見物となるわけである。もちろん、内容など覚えているはずもなく、ただ会場で買ってもらった、いや祖父が見るために買ったのだが、その筋書きを大切にわたしは宝物のように持っていた。とにかく、子供の頃、この筋書き、いわゆる番付、プログラムのこと、わたしは番付と呼んでいた。この番付を肌身離さず、今あるがボロボロになっている。裏表紙に「1の3（一年三組という意味）　加藤浩」と書いてあるから、小学校一年のときも、学校に持って行ったらしい。出演欄を見るのが楽しみで、仕方がなかった。同じように役者の名前を書いて、清富のおばあさんのところに行って自慢げに見せていた。

　清富さんというのは、御園座地下食堂街にあるおでんやさん。関西の方から毎日通ってくるおでんやさん、とうに八十を越しているおばあさんが、おでん種のところを切り盛りしている。息子さん夫婦とやっている小さな店だ。御園座の食事というとまずここになる。あとは、田楽の「八弘」くらいか。てんぷらの「丸忠」、もうないだろう。この清富、わたしが小学校に上がるときは、おばあさんはすでに亡くなっている。だからほんの少しばかりのお付き合いであったが、なぜか大変かわいがられた。買ってもらった番付を清富さんのカウンターで眺めながら、別の紙に役者の名前を書いたりしていた。柿落としの大切な番付は、ご覧の通り、横書きになっている。わたしとしては、これは解《げ》せない。縦にしてほしい。番付は縦になるとワクワクしてくる。このワクワク感はたまらない。この気持ちが分かるのは日本では十人いるかどうかだろう。今、わたしがやっている落語会のプログラムはすべて縦書きだ。子供の頃の歌舞伎に対する最初の疑問は、なんでこんな退屈なもの、みんな黙って見てるのか？　であった。わたしは子供の頃から、苦痛なものに興味があった。楽しくて感動するものは、あまりわたしのアンテナにひっかからなかった。遊園地とか、おもちゃとか、ゲームとか、楽しいものは受け付けない。歌舞伎はつまらないし、退屈、苦痛でしかなかった。子供なら当然だろう。大人でもこういう人はたくさんいる。

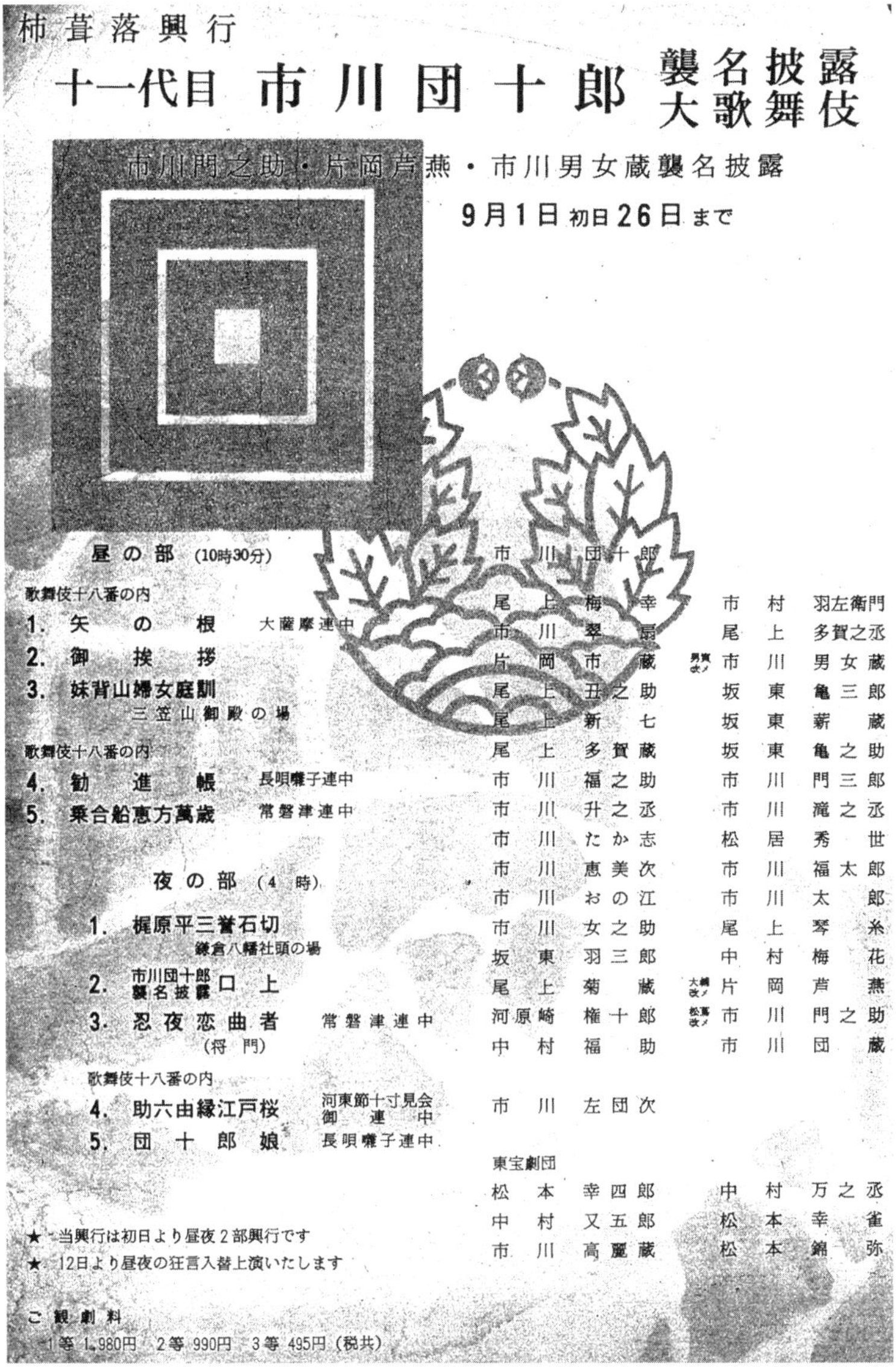
柿葺落興行
十一代目 市川団十郎 襲名披露 大歌舞伎
市川門之助・片岡芦燕・市川男女蔵襲名披露
9月1日 初日 26日 まで
昼の部 (10時30分)
歌舞伎十八番の内
1. 矢の根 大薩摩連中
2. 御挨拶
3. 妹背山婦女庭訓
三笠山御殿の場
歌舞伎十八番の内
4. 勧進帳 長唄囃子連中
5. 乗合船恵方萬歳 常磐津連中
夜の部 (4 時)
1. 梶原平三誉石切
鎌倉八幡社頭の場
2. 市川団十郎襲名披露口上
3. 忍夜恋曲者 常磐津連中
(将門)
歌舞伎十八番の内
4. 助六由縁江戸桜 河東節十寸見会御連中
5. 団十郎娘 長唄囃子連中
市川団十郎
尾上梅幸
市川翠扇
片岡市蔵
尾上丑之助
尾上新七
尾上多賀蔵
市川福之助
市川升之丞
市川たか志
市川恵美次
市川おの江
市川女之助
坂東羽三郎
尾上菊蔵
河原崎権十郎
中村福助
市川左団次
市村羽左衛門
尾上多賀之丞
男寅改メ 市川男女蔵
坂東亀三郎
坂東薪蔵
坂東亀之助
市川門三郎
市川滝之丞
松居秀世
市川福太郎
市川太郎
尾上琴糸
中村梅花
大輔改メ 片岡芦燕
松蔦改メ 市川門之助
市川団蔵
東宝劇団
松本幸四郎
中村又五郎
市川高麗蔵
中村万之丞
松本幸雀
松本錦弥
★ 当興行は初日より昼夜2部興行です
★ 12日より昼夜の狂言入替上演いたします
ご観劇料
1等 1,980円 2等 990円 3等 495円 (税共)

歌舞伎を観て、こんな苦痛で面白くないものを、こんなに大勢の人が、なぜ観てるんだ。歌舞伎にハマっていく、これがすべての原点だった。こうなると、とことんだ。どうして、こんなにお客が来るのか、子供なりの追究が始まる。もうひとつの疑問は、歌舞伎は男がやるものと教わり、この番付を見ると切りが「團十郎娘」と出ていて、近江のお兼を市川翠扇がやっている。これが不思議で仕方がなかった。なんで女が出られるんだと。後後《のちのち》祖父に何度も質問した。何度も祖父に訊いたが、そういうことなのかという納得いくまで、かなり時間がかかったものだ。この舞踊は長唄「お兼」軽快ないい曲だ。今の花緑師匠が出囃子で使っている。大阪だと文紅師匠。わたしはこの「お兼ざらし」を聴きたいだけに、大阪の京橋のダイエーでやっていた島之内寄席に文紅師匠を聴きに行ったことがある。

市川翠扇、父親が五代目新之助、母親が九代目紅梅。この当時から新派の大幹部で、当たり役の「明治一代女」の小芳は見た。テレビドラマにも、ちょくちょく出ていた。一の宮あつ子、丹阿弥谷津子とのトリオで「三婆」は何度か見た。歌舞伎興行で翠扇を観たのは後にも先にもこれっきり。女性が歌舞伎の舞台に立ったのを観たこともない。貴重な体験だったのだろう。だった……といいたいが。

其の二　昭和三十九年十月　名古屋初顔見世興行

いよいよ翌年の昭和三十九年、名古屋で初めて顔見世が開催された。前年より多少の記憶があり、御園座の客席にいたことがおぼろげにある。二階右脇の売店で扇雀飴を買ってもらったこと、客電気の灯、五分前に鳴る鐘の音……無理矢理思い出してもこれくらいか。祖父はこの初顔見世を楽しみにしていたらしい。番付にもある通り、寿海《じゅかい》、歌右衛門の両巨頭、このころでは数少ない芸術院会員。これに鴈治郎親子と幸四郎親子の豪華な顔合わせ。高麗屋が松竹から東宝に移ったばかりのころで、当然、これで幸四郎の歌舞伎の舞台はしばらく観られない。名古屋へ出かけるほかないだろうと思った東京のファンは多かった。その名古屋でも条件が付く。一緒に出る役者の背丈が揃うことだ。いろいろな状況からなかなかそういう機会が掴めないのだ。そういう容易でない機会が十月の御園座にやってきた。

つまり、この顔合わせの名古屋で初めての顔見世である。東宝に移ってからちゃんとした歌舞伎をやっていない幸四郎の「積恋雪関扉《つもるこいゆきのせきのと》」に集中した。祖父もこれを大層楽しみにしていた。この番付の興味深いところは、中軸の鴈治郎から左半分が東宝劇団所属の役者さんということだ。こういう状態は高麗屋がまたこっち側に復帰するまで続いた。それは名古屋で初めての顔見世、祖父は昼夜と行っていたのだろう。

番付を見ると、真ん中に十四日より昼夜入れ替えであった。わたしはこの番付で十年くらい楽しんだ。十年で隅から隅まで読んで、出演者一覧では鉛筆で序列順まで書いてある。役者の序列を勉強して付けていた。おおよそ子供のやることではない。今見るとその当時を思い出す。わたしの五歳くらいの時の字だ。「積恋雪関扉」は歌舞伎舞踊の傑作。上演回数も多いので、大人になって東っていた。もちろん、この芝居は墨染、小町姫の二役の歌右衛門と大伴黒主の幸四郎のいわばご両所独壇場の芝居であるが、祖父は、あの芝居は宗貞で決まるといっていた。のちに歌右衛門がインタビューで「あの芝居は、宗貞がいて引き締まるんです。昔はあの役ができる達者な人たちがどっさりいました。芝居はなんでもそう、脇にいい役者がいなけりゃ、八ツ橋だって玉手だって、そりゃ芝居になりませんです」と答えていた。主役も脇役もただの通行人も、芝居はそれぞれの役割を通して成り立っている。人生もそうだと、スポットが当たる役者がいて、そのなかでも脇がいて、スポットを当てる照明さんがいて、舞台監督がいて、メイクさんがいて、会場を整理する人がいて、チケットを販売する人がいて、弁当を作る人がいて、チラシポスターを作成する人がいて……もっともっとその周りには、その仕事にかかわる人がたくさんいて、それで成り立っている。たくさんの役割に上下がない。どの役割を通して貢献するのかが大事。芝居を通して、大きくなったら考えてみろ、とわたしにいっていた。この芝居なんかは、もしかしたらわたしの今の生業《なりわい》のヒントになった芝居なのである。どうしても前に出ていたくなるものだが、それを支える裏方も重要だという祖父の教えをどうもインプットされたような気がする。「籠釣瓶《かごつるべ》」なんかも、まったくそうで、あの芝居は脇がたくさん出てきて、脇で成り立っているようなものなのである。芝居を通して、自分はどの道で勝負するのか考えろと祖父の口癖だったのを、最近もよく思い出す。

わたしは実際に、記憶がないのだが、この顔見世の大詰めの芝居で「新版色読販」は、しんぱん

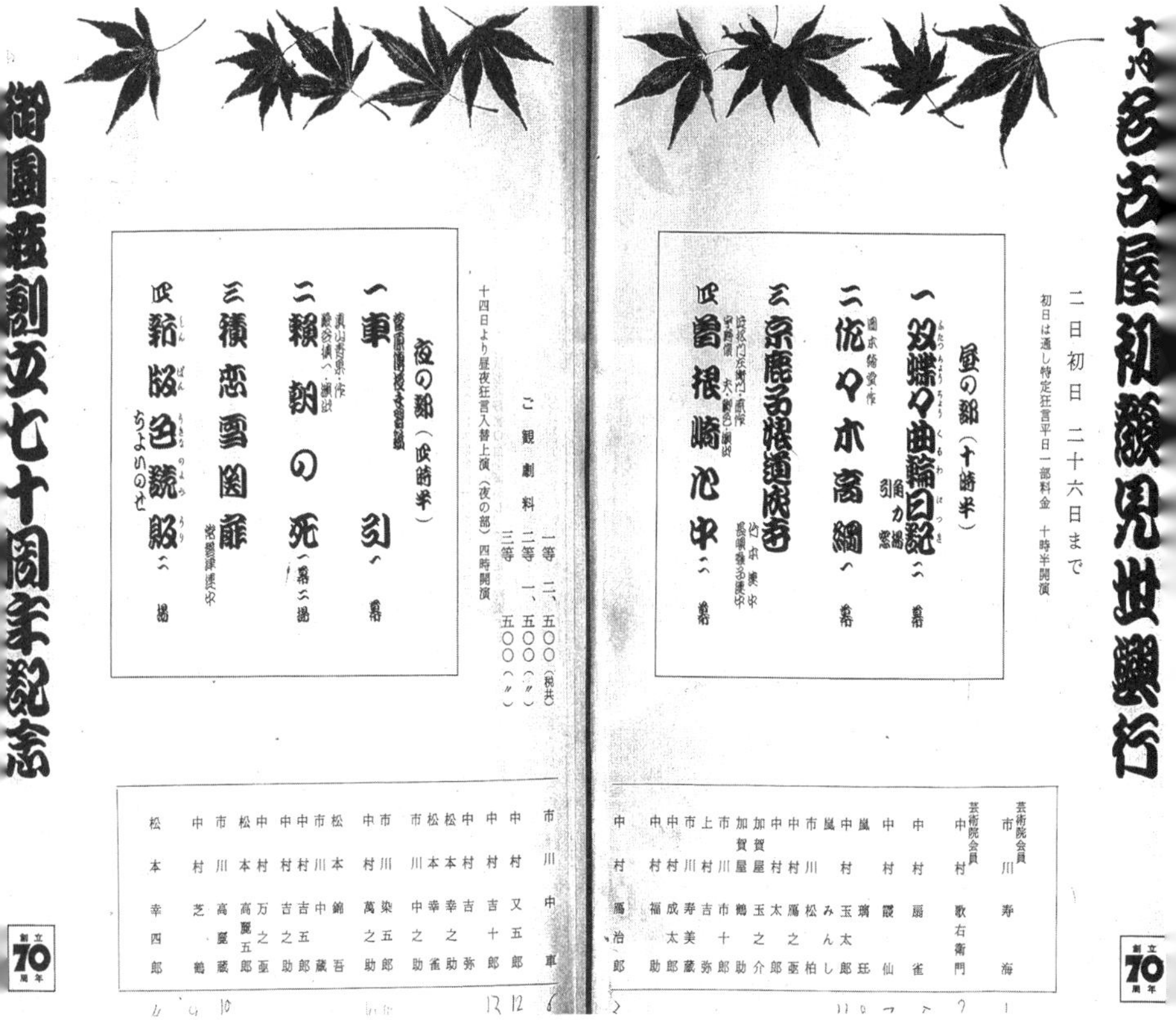
十一月 名古屋初顔見世興行
二日初日 二十六日まで
初日は通し特定狂言平日一部料金 十時半開演
昼の部（十時半）
一 双蝶々曲輪日記《ふたつちょうちょうくるわにっき》 角力場 引窓 二幕
岡本綺堂・作
二 佐々木高綱 一幕
近松門左衛門・原作 宇野信夫・脚色・演出
三 京鹿子娘道成寺 竹本連中 長唄囃子連中
四 曽根崎心中 二幕
芸術院会員 市川寿海
芸術院会員 中村歌右衛門
中村扇雀
中村霞仙
嵐璃珏
中村玉太郎
嵐みんし
市川松柏
中村鴈之亟
中村太郎
加賀屋玉之介
加賀屋鶴助
市川市十郎
上村吉弥
市川寿美蔵
中村成太郎
中村福助
中村鴈治郎
御園座創立七十周年記念
夜の部（四時半）
菅原伝授手習鑑
一 車引 一幕
真山青果・作 真山美保・演出
二 頼朝の死 一幕二場
三 積恋雪関扉 常磐津連中
四 新版《しんぱん》色読販《うきなのよみうり》 ちょいのせ 二場
ご観劇料 一等 二、五〇〇（税共） 二等 一、五〇〇（〃） 三等 五〇〇（〃）
十四日より昼夜狂言入替上演（夜の部）四時開演
市川中車
中村又五郎
中村吉十郎
中村吉弥
松本幸之助
松本幸雀
市川中之助
市川染五郎
中村萬之助
松本錦吾
市川中蔵
中村吉五郎
中村吉之助
中村万之亟
松本高麗五郎
市川高麗蔵
中村芝鶴
松本幸四郎
創立70周年

うきなのよみうりと読む。この芝居の配役表をよく眺《なが》める。この新版という言葉が好きで、今わたしがやっている赤坂の「三人集」に付けた。三人集は前に違うメンバーでやったので、今回は「新版三人集」と付けた。ここからきているのだ。この芝居、「ちょいのせ」というサブタイトルが付く。出演者も関西でしか見られない、藝達者の古老が顔を揃《そろ》える。鴈治郎親子に珍しく成太郎親子、福助の源右衛門、この福助は高砂屋の福助、この時、成駒屋にも福助がいるので、ややこしいから、高砂屋の福助としていた。山家屋清兵衛が中村芝鶴、久松がわたしの贔屓《ひいき》の又五郎。又播磨はこの芝居ならどの役でもいけるだろう。今回も昼に「引窓《ひきまど》」で女房のお早をやった。とにかく役幅の広い人である。

さて、この番付を見て、存命な人は四人である。クイズのようですが、確かに四人いる。坂田藤十郎、松本幸四郎、中村吉右衛門、中村東蔵《とうぞう》という、今の大御所連である。隔世の感がある。

其の三　昭和四十二年七月　豪華顔合せ　安井昌二・嵐寛寿郎・三橋美智也公演

これは実に妙な顔合わせ、三人主役が三つのコーナーを持つという、とってつけたような実に安易な会である。一本目は安井昌二の「次郎長三国志」、二本目がアラカンの近藤勇による「あゝ新撰組」、三本目は三橋美智也の「歌謡ショー」。昭和の良き時代のバラエティーだ。祖父は大の三橋ファンだったので、芝居は観なくても良かったのだろう。三橋さんも全盛期ではないが、歌謡界の大看板として民謡を含め二十曲熱唱。前半はヒットメドレー、後半は民謡で、ソーラン節でお開き。

スタッフ

作　村上元三
脚色　砂田量爾
演出　浅川清道
淀橋太郎
吉田央
振付　佐々木三郎
日本歌劇団製作課
音楽　山口俊郎
宅孝二
美術　深田浩一
吉村捨也
武藤哲
的場忠
装置　浅井勇
照明　宮田憲一
殺陣　湯浅謙太郎
島義一
舞台監督　中原薫
企画　宇佐美進
構成　本間昭三郎
中島岩雄
製作●鵜飼鐘太郎

三橋美智也
下谷二三子
西条由美
民謡兄弟　三橋健二
三橋俊也
女性コーラス　レ・シャルマン
ふうてんトリオ
津軽三味線　木田林松栄
尺八　菊地淡水
司会●玉置宏
八田圭介
安井昌二
高津佳男
藤岡琢也
梅沢昇
中島正二
市川雀之助
上田吉二郎

第1部　次郎長三国志（一幕八場）

村上元三　作
浅川清道　脚色
吉田央　演出

第2部　あゝ新選組（二幕六場）

砂田量爾　作
淀橋太郎　演出

第3部　歌う三橋美智也

宇佐美進　構成
佐々木三郎　演出

加代キミ子
佐々圭子
河内玲子
扇町景子改め　●川口のぶ
四方正美
四方晴美
若柳敏三郎
舟橋元
嵐寛寿郎
新演舞座
新春座
殺陣　湯浅謙太郎
島義一
三味線　美智文社中
太鼓　田中英子
鳴物　望月社中
楽団　キング・ハーモニー
日本歌劇団

聴きたかったなあ。いやこの会場には行っているんだ。それは確かだ。七歳のわたし。このヒットメドレーで歌った「でっかいこの夢」、この曲だけ売れなかった。あとは大ヒット曲、おんな船頭唄、あの娘が泣いてる波止場、哀愁列車……、星屑の街、まるで市馬師匠の掛取り美智也だ。「でっかいこの夢」。どうして唄ったのか。そして、わたしは、なぜかテアター（懐メロバー）に行くと、この歌を必ず唄う。もしかしてこの時、覚えたのか。ここに書いてあったから、それから覚えたのか定かではない。それにつけてもこの出演者はすごい。三橋さんの前唄の下谷二三子さん、この人は今もお元気で、ご活躍。津軽三味線の名人、木田林松栄、上田吉二郎、舟橋元、梅沢昇……、藤岡卓也もまだまだこの位置。四方晴美はチャコちゃん、つまり座頭の安井昌二の娘。しかし、いつ見てもこの出演者一覧は難しい。考えに考えたあげくのものであろう。八田圭介と安井昌二の間隔をあけて安井の右にある線を消去すれば、大変すっきりするのだが、そうなると上田吉二郎の中軸が生きてくる。どうでもいいことだが、子供のころからこんなことばかり考えていた。そういえば、歌謡ショーの司会が玉置さんと八田圭介の二枚というのは、実に贅沢《ぜいたく》である。

其の四　昭和四十二年三月　御園座　創立五十周年記念興行

新国劇初見参だ。創立者沢田正二郎が新劇運動急先鋒小山内薫の激しい心に触れ、島村抱月や松井須磨子の文芸協会に入ったが、飽き足らず、新しい国劇を作ろうと、大正六年に東京新富座で旗揚げ公演をする。「国定忠治」や「月形半平太」を発表。写実的殺陣《たて》を発案、文藝ものなども上演、

新國劇
五十周年

大衆の人気を集めた。昭和四年、新橋演舞場で、「赤穂浪士」「沓掛時次郎」を上演中、沢田は中耳炎に倒れ、永眠する。その後を新人の島田正吾、辰巳柳太郎の二枚看板で立て直しを図り、沢田座長の遺志を守り、その後は、大山克巳、緒形拳が引き継いだが、この五十周年の後、七十周年を迎えた昭和六十二年に幕を閉じる。

今は座員だった笠原章が「劇団若獅子」を立ち上げ、新国劇の芝居をやっているが、なかなかお客様が入らず、苦戦している。とにかく、男の劇団という印象と、この劇団の極めつけ「国定忠治」にとどめを刺すというくらい有名で、この芝居が新国劇の代名詞として、わたしも子どものころから、この芝居だけは何度と見たものだ。祖父は、辰巳の贔屓《ひいき》で、いつも楽屋におじゃまして、写真を撮らせてもらっていた。大須の家には、何枚も写真があり、確か写真のコンクールに辰巳の化粧前の写真で何かの賞をもらったと聞いた。

子どものころ、夏休みになると、プールで遊んだので、なぜかよく中耳炎になって、医者に通った。祖父はこのとき必ず、「さわしょー(沢田正二郎)は中耳炎で亡くなったんだぞ」と、わたしを脅したものだ。

この五十周年のプログラムは質素ではあるが、なかなか趣があり、わたしは手放さず、これを見ては新国劇を勉強した。初めて聞く劇団員、ファンから見れば錚々《そうそう》たる面々で、数少ない女優陣も存在感を出していた。なかでもプログラム出演者一覧には出ている、新国劇の母といわれた久松喜世子、この年に見ることは出来なかったが、最晩年、御園座で一世一代としてやった「瞼《まぶた》の母」の水熊のおはまは、三回も目に焼き付けた。子どもだから、もちろん久松の偉大さが分からなかったが、これが最後の舞台とか、一世一代とか、舞台に出てくるだけで、大向うから声が乱れ飛ぶ、そんな状況に接して、この女優はただならぬ人であることは十分わかった。ちなみに新国劇は昭和四十年代から五十年代というころは、役どころがほぼ固定していた。それに付き合う女優陣も持ち役がほぼ決まっていた。瞼の母は、番場の忠太郎が島田正吾、水熊は久松喜世子、娘は香川桂子、前半、水熊の店先で出番はわずかだが重要な役で出てくる夜鷹おとらの初瀬乙羽が実に良い。家に帰って何度もこの役をやってみたものだ。まるで落語「七段目」の若旦那だ。

「国定忠治」は辰巳の芝居、島田の川田屋、日光の円蔵が野村清一郎、この野村が亡くなって宮本曠二郎。二幕目の山形屋藤蔵が郡司良《こおりしろう》、辰巳の晩年は緒形拳がやっていた。これも出番が少ないが女房のおれんを初瀬乙羽。髪結いは贅沢だが、外崎恵美子がいい。大山克巳の忠治だと山形屋は郡司良のほうが締まる。緒方の山形屋になると女房のおれんは外崎恵美子だろう。この役は最後は南条みず江に引き継がれる。南条はほとんどテレビに出ないが、唐沢の「白い巨塔」で里見(江口洋介)の行きつけの食堂の女将さん役で出てきた時は驚いた。

「月形半平太」は辰巳柳太郎、「一本刀」は駒形が島田正吾、お蔦が香川桂子、波一里は後年、緒形拳がやった。ほかに、野村清一郎、秋月正夫、このお二人はわたしはギリギリ間に合った。見たのは一回きり。清水彰、郡司良、岡泰正、宮本曠二郎、若いところで大山克巳、緒形拳、若林豪、伊吹吾郎、亀石征一郎とここまでが幹部、数少ない女優陣は、久松喜世子が別格で、外崎恵美子、初瀬乙羽の両ベテランに若手の香川桂子が幹部。

わたしも随分、新国劇には詳しくなったものだ。といってもそんなに観ているわけではない。「一本刀」と「国定忠治」を何回か観た程度だ。この二本以外、あまり観なかった。この二本があまりにも強烈だったからだろう。「国定忠治」なんかは、一公演で三回も観た。おなじみの一幕、二幕目の山形屋の場、そして大詰の小松ケ原。何度観てもいい。新国劇の芝居の要素が全部詰まった娯楽演劇だ。一幕目は芝居を知らない人でも一度は耳にする「赤城の山も今宵が限り〜〜〜」というやつ。山形屋と忠治の掛け合いが面白い二幕目。この二幕目の最後の部分、いわゆる忠治にいわれっぱなしの藤造、奥から女房のおれんが登場、「あんたも随分と山形屋藤造の名前を下げなすったねぇ、奥で聞いていて、女のわたしですら、はらわたが煮えくりかえる。このおとしまえどうつけるんですよ」と、これを受けて「よし、小松ケ原に先回りして、忠治の野郎を…」、おれんが「それでこそ山形屋藤造」。切り火を切って、送り出す。柝《き》がチョンとなって、暗転。そして、小松ケ原待ち受ける藤造、颯爽《さっそう》と忠治登場。辰巳の殺陣になって、藤造を斬ってそのまま花道に引き上げる。おれんが出てきて、幕までおよそ八分。その見事さといったらなかった。これぞ新国劇。大向うからも「辰巳！」「新国劇！」と声がかかる。わくわくしたものだ。その新国劇も今はない。寂しい限りだ。

其の五　昭和四十二年十月　吉例名古屋顔見世興行

昭和四十年が名古屋初の顔見世だから、第三回ということになる。つまりは昭和四十一年が飛んでいるということになる。なぜか第二回はお休みだった。よほど祖父が忙しくて行かなかったのか、行ったのにプログラムをなくしたのかは定かではない。

二回目は寿海を上置きに勘三郎、梅幸、三津五郎、西から鴈治郎、仁左衛門、延若、菊次郎といった面々で、これも豪華だ。三回目となると、吉例という文字が入る。吉例名古屋顔見世興行である。番組もオーソドックスなものが並んで楽しい。今回は吉右衛門の襲名と福助、松江、東蔵の成駒屋の襲名が入る豪華版だ。成駒屋（歌右衛門）の絶頂期で昼の部は「吉野川」の定高、夜は「根元《こんげん》草摺引《くさずりびき》」の舞鶴と吉右衛門の「一条大蔵」で常盤御前に付き合うという、晩年では考えられない三役。鴈治郎親子の廓文章《くるわぶんしょう》や土屋主税になると大阪方の古い役者がずらりと並び、わくわくする。吉三郎や成太郎、寿美蔵、松柏、市十郎なんという役者は、東京の舞台にはあがらない人たちなので、貴重だ。こういう上方狂言ばかりは、名古屋で観られるので都合がいい。

番付を見ると、歌右衛門の左側に招き看板がかかり、唯一の上置き待遇となっている。簡単にいえば特別席だ。特別席といえば、御園座は三階の西側と東側に回転椅子がある特別席が三カ所あった。八席と五席と三席の三カ所だ。御園座の客席表を見ると分かる。子どものころ、いたずら書きをしたものがある。鉛筆で塗り潰したところにお客が入っていたという七歳の子どもの落書きだ。芝居中、七歳のわたしは歌舞伎なんぞ観ずに、この特別席が気になってずっと見ていたものだ。なんだか今でも、その光景を思い出す。

其の六　昭和四十一年五月　東映歌舞伎

一応、ひばりの公演も。母堂の喜美江さんの演出で「忘れじの歌」昼夜の一ヵ月公演。名古屋は毎年四月に来る。ちなみに三波春夫は正月公演。ひばりも三波春夫も何度と三階席から観た記憶がある。日本調の曲からジャズコーナー、弟の哲也のコーナーが二十分ほどあって、この人ヒット曲がない。「男のギター」と「飛ばせ特急便」くらいか。この二曲、それでも知らない人の方が多い。最後はひばりヒットメドレー十五曲。逆にこっちはヒット曲のごく一部。好きな歌がほとんど聞けない。わたしの好きなのは「三味線マドロス」「浜っ子マドロス」。船村さんのマドロスもの。「浜っ子マドロス」は星野哲郎の詞。「三味線マドロス」は高野公男。「初恋マドロス」は西沢爽。マドロス物は「港は別れてゆくところ」これはひばりもよく歌っていた。西沢爽作詞、船村徹作曲の傑作だ。わたしの大好きな歌だ。ひばり一曲といえば、この歌で決まり。

「悲しい酒」「或る女の詩」「波止場だよお父っさん」は嫌い。ひばりの歌、好き嫌いが激しい。このあたりの話は昭和歌謡ファンには分かると思う。この手の話は切りがない。どんどん出てくるので、やめておく。

出演メンバー、歌手の公演にしては豪華だ、考えられない。時代が良かったのか、やはり事務所のいや、ひばりの力か、東宝と東映の混合構成。東映の大ベテラン、香川良介、星十郎、この人は

芸能生活25周年記念
美空ひばり
特別公演

うまい。映画「瞼の母《まぶた》」の酔漢は絶賛された。こういう役者はもう出ないであろう。わたしは後年、一回だけ御園座で観た。ひばりの公演は芝居の内容はまるで覚えていない。そんなこと子どもにははっ分からない。とにかく「忘れじの歌」の九十分は集中して聴いた。昭和歌謡ファンのわたしははっきりいってひばりをさほど聴かない。それでもやはり美空ひばりはすごい、うまい。これ以上うまい人はいないと思っている。藝がくさいのはいただけない。「悲しい酒」なんかサブくなってくるくささだ。それほど藝がくさい。一流の人は藝がオーソドックスでくさみがなく上品だ。ところが超一流の人ってのは、藝がくさいのである。フィギュアスケートの羽生結弦、この人も藝がくさい。

其の七　昭和五十一年六月　東宝現代劇　浮世節立花家橘之助　たぬき　名鉄ホール

不世出の名人、寄席で定評ありながら、あまり知られていなかった立花家橘之助の大名跡が昨年復活した。寄席の大スターであり、空前絶後の大名人橘之助の生涯をこれまた名人、山田五十鈴が演じる。昭和四十九年度には芸術祭大賞を文句なしで受賞している作品だ。山田五十鈴はすごい女優だ。祖父は、この大女優を見せるために名鉄ホールに連れて行ってくれた。祖父は御園座専門だが、山田五十鈴のために重たい腰を上げた。それにしてもこの役は大変だ。浮世節というのは、市井のはやり唄のなかに、長唄、清元、常磐津、新内からありとあらゆるものを取り入れて、それを調和させて、しかも本筋を聞かせるというところに魅力があり、橘之助の天分をもって初めて作り上げた藝術であった。その橘之助を山田が演じる。山田は知り合いに「橘之助をやるんだって、楽

昭和49年度
芸術祭大賞受賞
昭和49年度
毎日芸術賞受賞
東宝現代劇特別公演
榎本滋民＝作・演出
浮世節 立花家橘之助
たぬき
E
名鉄ホール
★1976.6

しみですね、曲はテープで流すんですよね」と、いわれカチンときた、という話を聞いて嬉しくなった。

山田は「わたしが全部やるんですよ」って、大見得切った。ますます嬉しくなる。「たぬき」をマスターするには、これは尋常一様ではなかった。半年かかってやっとなんとかというレベルに到達するまで研鑚《けんさん》した。名人が努力するというのはすごいことだ。祖父はわたしによくそんなことをいっていた。のちに森光子の「放浪記」にも連れて行ってもらった。寄席で玉川スミ先生とお話したとき「山田五十鈴は一流だよ。森光子？　比べたら失礼だよ。あんなもの……」。すごいことをいっていた。「あんなもの……じゃないか」って、放送禁止用語使って、スミ先生、よほど恨みでもあるのかと思ったが、そういえば、吉本時代は看板がスミ先生と森さんではかなりの差があったということを本で読んで納得したものだ。

今は名古屋もホテルがたくさんできて、役者さんの定宿も様々だ。この時代は、一流ホテルは名古屋観光ホテルだけだった。一流藝能人御用達のホテルに泊まらず、山田五十鈴は、名古屋の仕事の時は必ず国際ホテルに泊まっていた。祖父は国際ホテルの仕事をよくやっていたので、「今、ベルちゃんが泊まっているぞ」と、わたしに自慢して教えてくれた。それほど自慢することかと思いながら、自転車で国際に行ったものだ。わたしも学校に行って友達に「トンボメガネの山田五十鈴に会ったよ」と、自慢げに話したが、友達は無反応、当たり前の話だ。

さて、この芝居、古今亭志ん朝が出演している。圓橘役に江戸家猫八と寄席でおなじみの人たちも出演、寄席ファンにはたまらない。山田五十鈴は客入れの太鼓を叩いたり、「十六夜清心《いざよいせいしん》」のくどきをやったり、志ん朝に「権助提灯」の稽古をつけたり、藝の引き出しを全部出しきっている。宮口精二、丹阿弥谷津子、わたしの好きな緋多惠子、小柳久子など藝達者が脇を固めるが、やはりこの芝居、この出演者名を見るにつけ、山田のワンマンショーであることは確かだ。この中に直木みつおの名前がある。この人、その昔は「七人の刑事」「ザ・ガードマン」「特別機動捜査隊」などの刑事もの、サスペンスドラマのアパートの管理人役を得意とする貴重な役者だった。殺人があると、そこのアパートの部屋の鍵を持って開ける役、台詞《せりふ》もほとんどないが、絶妙な芝居をする。この人本当に管理人じゃないかと疑うほどの芝居をする。つまり芝居をしない芝居だ。たとえば、他の役でも刑事に「この顔、見覚えありませんか」と、尋ねられ、直木みつおが「いや、知りませんね」と、台詞。これだけだが、この人は、本当に素人じゃないかと思わせてしまうくらいの芝居をする、自分の存在を消す藝だ。こういう貴重な役者はもう出てこないであろう。名古屋の商業演劇にもよく出ていたが、この人はやはりテレビ専門の役者だ。

其の八　昭和四十六年六月　中日劇場開場五周年記念特別公演　建礼門院　中日劇場

この年、名古屋は中日劇場で歌舞伎の公演が行なわれるということで、なかなかの盛り上がりを見せていた。四十一年五月、新聞社の直営する全国で唯一の劇場として、各方面から大きな注目を集めており、名古屋をどり、宝塚の公演、ミュージカル、リサイタルなどを得意にしていた劇場で、なかでも「雲の上団五郎一座」の公演は持ってこいの劇場だった。佐山さんが舞台の隅から隅まで体を使ってみせるアチャラカ、由利徹の団五郎など、スペシャルゴールデンタイムなど音楽もの、歌手の一カ月公演なども得意とした。そんななか、美空ひばりや五木ひろし、三波春夫というような歌謡界の大御所たちは御園座での公演だった。ここはバックに鵜飼興業がいる。大御所たちは必ず鵜飼さんに仁義を切ったものだ。

さて、「建礼門院」。平家物語のなかの白眉であり、波乱の生涯を送った清盛の娘徳子を主人公とした華麗哀切な物語で、劇作家の重鎮、北条秀司が十年の構想をもとに書き下ろした戯曲である。歌右衛門、鴈治郎の両人間国宝、この時代、歌舞伎界の人間国宝はこの二人だけだったと思う。その御両所を中心に、実川延若、中村芝翫、市村竹之丞、片岡我童、中村福助という当代の人気者がずらりと並び、百人を超えるメンバー、上演時間五時間という大作であった。

特に最後の幕「寂光院の庭」の場に注目が集まった。この芝居の一番いいところだ。後年、歌右衛門の最晩年、新国劇の島田正吾を相手にやった「建礼門院」。歌右衛門の体調を考慮して前幕まで雀右衛門がやり、「寂光院の庭」だけ歌右衛門がやって、これも話題になったのは記憶に新しいといっても、歌右衛門没十六年だから、これも随分前の話題になった。

中日劇場初お目見得の歌右衛門丈、この「建礼門院」には全精力を傾けるといったように、異常なまでの熱意を燃やしており、ほとんどの幕、でずっぱりのため、健康上のことも考え、原則として一日一公演という思い切った措置をとった。そういうわけで、この公演大成功をおさめた。

出演者連名

芸術院会員 中村歌右衛門

開場五周年

中村鴈治郎
中村芝翫
市村竹之丞
市川男女蔵
中村東蔵
中村松江
中村成太郎
嵐璃珏
嵐吉三郎
中村福助
片岡我童
実川延若

中村栄治郎
沢村六郎
吉野秀樹
沢村由次郎
坂東慶三
市川九蔵
中村歌門
片岡松燕
加賀屋歌江
加賀屋歌蔵
実川延寿
中村芦鴈
坂東かしく
市川滝之丞
中村時蝶
実川延昇
中村太郎
中村鴈之丞
上村吉弥
嵐三右衛門

中村駒七
中村芝歌蔵
市川左三郎
市川芳次郎
中村福夫
坂東竹春
坂東竹蔵
坂東竹四郎
中村成弥
中村歌次郎
中村福弥
実川若蔵
実川若一郎
中村富尾
中村鴈松
中村鴈雀
中村鴈蔵
中村鴈三郎
嵐吉郎
中村時枝
中村孝三郎
中村歌好
中村時三郎
市川容之助

大道具 華新
小道具 藤浪小道具
衣裳 松竹衣裳
かつら 小林かつら
野田福かつら
床山 鴨治
小裂 松竹小裂部

狂言作者 竹柴金作
西川栄一
竹柴正二
頭取 奈良重治郎
斉藤俊雄

わたしの小学校の友達の家が、名古屋の上前津で小さな旅館をやっていた。「ちづる」という旅館だ。ここになんと歌右衛門、我童、男女蔵が泊まっているという。友達が「早く来い」というので、遊びにいったことがある。我童さんと男女蔵さん、今の左團次さんの定宿だったことが分かって驚いたものだ。後年、「隅田川」で、「ちづる」に来たときは、清元の一行も一緒で、小さな旅館が大変賑わった。このときは、鶴の間で、麻雀をやったということを聞いた。これも友人が「今、役者さんたちが麻雀やり始めたよ」っていうから、わたしは自転車に乗って、飛んでいった。この時初めて、志津太夫に会った。我童丈は気品のある紳士で、この時から大ファンになった。

わたしが仕事で東京に来てから、毎月の歌舞伎を楽しみにしていたが、なかなか片岡我童に出会えなかった。先年、亡くなった團十郎さんの三カ月連続襲名披露公演の三カ月目の公演で「助六」の満江をやったのを久しぶりに観たが、しばらくして初春歌舞伎に顔があったので、楽しみに出かけると「休演」という掛けぶれがあり、心配していたが、前年の晦日に亡くなっていたという。お正月だから、あえて訃報を発表しなかった。この一月には仁左衛門が亡くなっている。いわゆる訃報が載って驚いた。「忠臣蔵」の一文字屋お才、河庄のお庄、「封印切《ふういんきり》」のおえんなどの花車方はこの人の独壇場で、「建礼門院」では、最後の幕に控えめに出てくる阿波内侍は絶品だった。

出演者連名を観ると実川延若の待遇がいい。成駒屋に大層かわいがられていたのが分かる。開場五周年という看板を区切りに、歌右衛門が上置、改めて出演者筆頭が鴈治郎、トメが延若、芝翫、我童、竹之丈（五代目中村富十郎）、福助までがピン。男女蔵（四代目左團次）、松江（魁春）、成太郎、

吉三郎、璃珏《りかく》という古老が続く。九蔵、三右衛門、美吉屋の先代吉弥、松燕など懐かしい顔が並ぶ。成駒屋の芝居に鶴助さんがいないのはどういうことであろうと気になる。

其の九　昭和五十四年六月　納涼爆笑「雲の上団五郎一座」　名古屋　中日劇場

祖父の好きだった団五郎一座。どこで観たのか、祖父は浅草の軽劇団が大好きだった。今は数少なくなったコメディアンが大好きだった。今回のこの雲の上団五郎一座にも、エノケン、森川信、堺駿二、八波むと志はすでにいないが、このころはまだ藝達者な役者たちが残っていた。この団五郎一座、あらゆる喜劇の要素を集結させ渾然一体、笑いを爆発させる形式として、巧みにできている。特に目玉商品はなんといっても、劇中劇。ありとあらゆる寸劇が織り込まれている。「妻恋三度笠」由利徹の女形おたね、勘太郎が佐山駿二、親分が石田英二。「入谷のそばや」宗俊が石井均、直次郎が南利明、玉川良一が森田屋で付き合う。「権三と助十」では、権三が由利徹、助十が佐山俊二、北村大膳の石田英二が絶品だ。これはこの人の持ち役だ。「道行」が南利明の勘平にお軽でピーターが付き合う。そして「山崎街道」文句なしの由利徹の定九郎、由利の藝の集大成がこの芝居にあるような気がする。それほどまでに素晴らしい、人間国宝などもらえるはずがないが、この藝はそれだけの価値がある。噺家さんも茶番で、この芝居をやっているが、とてもかなわない。やっている人はこの映像を見たら、この寸劇をやることをあきらめるだろう。できっこない。

この定九郎とコンビを組むのが与市兵衛。この役は佐山俊二の独壇場。他に橋達也や南利明もや

「山崎街道」佐山俊二（左）、由利徹（右）

納涼
爆笑公演
雲の上団五郎一座

るが、佐山さんにはかなわない。佐山さんでなければ駄目なのである。喬太郎師匠も同じことをいっていた。佐山さんの喜劇役者の血がこの役にぴったりあてはまってくるのである。同じように「喜劇サザエさん」での波平役、これも佐山俊二の持ち役だが、波平は森川信の方が一枚上手だ。フネ役の清川虹子との相性もあるだろうけど、森川信の方がぴったりとハマる。佐山ファンのわたしも軍配を挙げる。ちなみに、江利チエミのサザエさんで佐山の波平を見た。頼りない声と細身の体で動き回る佐山さんの藝は、ペーソスに包まれ、観るほうはなぜか、心が温かくなる。そんな雲の上団五郎一座公演、出演者連名を見ると、由利、南、佐山のトリオを中心に玉川良一、平凡太郎、石田英二、はな太郎という藝達者が顔を揃《そろ》える。それに石井均が特別参加。石井均、この人も浅草の出である。左右に独特の動きをみせるいい役者だった。この人は名鉄ホールの常連だ。後年は劇団喜劇の旗揚げに参加、あの西川きよしの師匠でもある。三谷いつかという名前がある。この人、Wけんじの東けんじの娘で、このころ、「お笑いオンステージ」のレギュラーを務めて、これから期待の新人でしたが、いまはどうしているか聞かない。いま、コメディアンがいなくなってしまったので、こういう団五郎一座のようなものが楽しめないのは、寂しい。熱海なんとかという一座があるにはあるが……。あ〜あ、つまらない。

其の十　昭和六十一年六月　放浪記　名古屋　中日劇場

雲の上団五郎一座の原案は、菊田一夫だったが、この「放浪記」菊田の作品だ。祖父は、山田五十鈴と森光子、三木のり平、森繁、あとは関西ではミヤコ蝶々は機会を作って観ておけといっていた。学校は忙しくても、暇を見つけて行けとはずいぶん乱暴な話だ。そんな祖父の言葉を思い出し中日劇場に出向いた。

森光子と中日劇場とは「おもろい女」「雪まろげ」「浮巣」などでご縁があるが、やはり「放浪記」は森光子の代表作で名古屋での上演となれば、話題に上る。今回は三木のり平の演出。初演当時は、上演時間が五時間を越えていたが、そのあたりを少し三木のり平がいじった。結局、のり平演出で「放浪記」六十年代の名作として見事によみがえった。歌舞伎座の筋書きのように過去の上演記録を載せてもいいくらい、上演回数の多いこの演目、いろんな役をいろんな役者がやってきた。日夏京子役の奈良岡朋子、女給悠起は今回は大場久美子、白坂五郎は米倉斉加年、この役は同じ民藝の先輩、下元勉の持ち役、福地貢は井上孝雄とこれも手堅い。菊田の役は、勿論、小鹿番。清水郁子の女占い師、わたしはこの人を観るのも目的のひとつであった。抜群の藝達者。初演以来の持ち役で期待したのだが、今回は新井みよ子が演り、清水は芙美子の母親役をやると聞いて少々がっかりした。この役は赤岡都、三戸部スエがやっていた。懐かしい名前だ。清水郁子は努力の人だ。同じ役でも芸術座と中日では声の出し方、表現の仕方が微妙に違ってくる。役者である以上は、これは当然であるが、清水はそういうことが完璧だった。

ほかに青木玲子、内山恵司、丸山博一など東宝現代劇の優等生が名を連ねる。今回特にこの中でもまれながら大場久美子は成長したであろう。わたしは商社のサラリーマン時代のくそ忙しい時期

放浪記
東宝・中日劇場提携特別公演

だったが、なんとか観ることが出来たのも、祖父の言葉があったからこそ。祖父が亡くなってはや、十年になろうとしていた。後年「放浪記」は二回観た。

其の十一　昭和五十一年一月　東宝現代劇特別公演　あかさたな　中日劇場

こちらは小幡欣治作、菊田一夫演出。小幡の代表作だ。十六歳のくせして、一番後ろの席から「のり平！」「山田！」「一の宮〜」と、声を掛けていたことを思い出す。今、考え、恥ずかしくて顔から火が出る思いだ。この公演、確か二回くらい通って、筋書きをマスターして、声をかけるタイミングをマスターして、三回目に大向うから声を掛けまくった。あ〜恥ずかしい。タイミングは完璧にマスターしたのだが、高校受験のタイミングを外して、志望校と意見が合わず、違う高校に入学する羽目になった。このころ、祖父は病に倒れ、入院するようになって、劇場にはわたしひとりで行くようになっていた。

「あかさたな」は、東京に十六店舗の牛肉店を持ち、二十人の愛人たちに支店を管理させ、ほかにも事業を経営する当時としては型破りな経営者、大森鉄平の生涯を描く物語で、大森鉄平を三木のり平、一番支店の愛人頭を山田五十鈴、本妻きよ役が一の宮あつ子、番外に丹阿弥谷津子、十六番支店に園佳代子という配役。この芝居は藝達者ののり平と山田五十鈴の横綱相撲ではあるが、脇の三人がまた手堅い。園佳代子はこのころが絶好調。この人「細うで繁盛記」の女中頭お多福で一躍スターダムにのし上がる。一の宮あつ子も出ているが、この人がいるといないとでは、全然、芝居

が違ってくるというくらい貴重なバイプレーヤーだ。丹阿弥さんもこのところ、名古屋の仕事が多い。あまり前に出ない奥ゆかしい芝居だ。ベルさんとは「たぬき」でも競演している。

其の十二　昭和五十年五月　ミヤコ蝶々特別公演　わかれ橋　名鉄ホール

名鉄ホールは蝶々さんのホームグラウンドだ。この劇場は手馴れたものだ。祖父は好き嫌いはだれにでもあるし、しょうがない、どんなにすごくても生理的に厭だというのも分かる。それもこれも含めて、山田五十鈴、美空ひばり、ミヤコ蝶々、森光子だけは生の舞台を何度も観ておきなさい、どんなに仕事や学校が忙しくても、劇場に足を運びなさい、自分の人生にきっと役に立つから…と、口癖のようにわたしにいった。特に蝶々はわたしにはどちらかというと苦手な役者であった。今回は自身の作品での代表作「わかれ橋」。関西の役者が顔を揃える。

石浜裕次郎、南風カオル、藤尾純、中段にミヤコ小蝶、大内淳子、千草英子、堤英二・よし枝の漫才も入っている。堤英二はほんの数分の出番だ。この人を見ると藝人の業をつくづくと感じる。わたしが観た蝶々さんの芝居はこれと「女ひとり」「おんな川」の三作。佐々十郎、大村崑あたりが相手役だ。晩年は芝居の後の「蝶々の人生相談」が受けに受けた。大須演芸場の足立さんが蝶々さんを呼んで、大須の舞台に上げた。いつも閑古鳥の大須の二階が壊れるくらいに客が入った。舞台にも客を上げて、あれだけ入った大須を観たことがない。そういえば、足立さんはお元気だろうか。

ミヤコ蝶々
特別公演
名鉄ホール
★1975.5.3——28

其の十三　昭和五十二年四月　陽春特別公演　京舞　中日劇場

新派を初めて観た時、初めて見る役者陣、目にする役者を見て、脇の層が充実しているのを痛感した。それに引きかえ、軸になる人が極端に少ない。菅原健次と安井昌二、花柳武始くらい。花柳はどちらかというと脇に近い。脇は中川秀夫、中田左一郎、島章、伊井義太郎、春本泰男、上田茂太郎、成田菊雄、西脇滋、竹内京子、一条久枝……と実に達者な顔が並ぶ。軸の人に安心して芝居をやってくださいこちらでしっかり支えますといっているようだ。まだ存命の頃、北条秀司が「京舞は昭和三十五年初演の新派の当たり狂言、初めて名古屋へ持ってきた。しかしながら配役にかなりの変貌がみられる。まず家元役の花柳章太郎がいない、松本さだ役の英太郎(初代)がいない。片山元滋役の伊井友三郎、中島取締役の藤村秀夫、万亭のお内儀役の瀬戸英一、みんなこの世にいない。ほかにも変動がある。京塚昌子はテレビに去り、英つや子はお嫁に行ってしまった。頑張っているのは八重子と市川翠扇だけになってしまった」と、嘆いた。

四十年たった今は、新派は大変な状況になっている。ほかから特別参加でひっぱってくるしかないと、とても芝居ができない。そこへもってきて顧客の激減だ。これは新派だけではない。商業演劇が今の時代の流れにまったく合わなくなってきた。松竹新喜劇しかり、新国劇しかりで、特に新派の芝居は、明治生まれの役者でないと生理的に成立しない、どんなにいい声でも今の子に浪曲は無理だということとよく似ている。今回の中日は、水谷八重子の持ち役だった愛子を波乃久里子に、それから翠扇があてたまつ子に弟子の紅貴代を抜擢《ばってき》した。なかなかその通りにはいかなかった。

若手も出てきたのだが、時代が違っていたという不運が新派にはつきまとった。残念である。とはいえ、先代の八重子が元気なうちに見られたのはよかった。出演者名を見ると少し物足りない。せめて、二、三年前に来ていれば、懐かしい顔もあったかもしれない。そんな香盤であった。新派名優がこの世を次々に去っていくなかで、柳永二郎が大変な若さで残ってくれていることに感謝しなくてはならないと、入院している祖父にいわれたことを覚えている。この年の秋に祖父は他界した。

お仲入り

年代が前後して、申し訳ありません。実家にある筋書(プログラム)の量は半端ではない。御園座、中日劇場、名鉄ホールの名古屋三劇場の資料として貴重ではあるが、わたしが死んだら、このまま捨てられることになるので、記憶をたどって、ここに披露しているわけだが、あまりの多さに整理が一向に先に進まない。これでも三分の一はちり紙交換に出してしまったらしく、らしくというのは、犯人がいまだに分からないということで、家の誰かが掃除をしていて、間違って出してしまったのだ。あの時のわが家は、祖父が死んだときより、暗かった。祖父はもちろん、父も母も誰も口をきかなかった。変な家族だ。さて、この膨大な資料を整理していると、面白いことに気付いた。プログラムの裏面にわたしの名前が書いてあるのだ。「建礼門院」の裏面には、「五年二組　加藤浩」とまるで、教科書のように書いてある。この人ほんとうに学校に行っていたんだろうか…と、今更ながら、自分でいうのもなんだが、変わった子どもだったんだろう。

其の十四　昭和四十八年三月　松竹新喜劇三月公演　御園座

名古屋は年に二回公演。何があっても、藤山寛美だけは観に行くというご贔屓《ひいき》で、いつも満員御礼。昭和四十八年、松竹新喜劇全盛のころである。寛美の芝居を堪能して帰るお客の顔が実にいい。楽しそうだし嬉しそうだし、面白かったねという単純かつ最大のお褒《ほ》めの言葉を口々にいいあって、帰っていく、そんな姿を見たときに、わたしの心のどこかで、こうやってお客様を帰すことのできる仕事につきたいと思った。そんなきっかけになった公演だ。この公演は、昼夜六本、寛美はこのうち四本に出演、寛美の出ない芝居は、他の役者がどんなに頑張っても駄目。寛美が出てくると、客席のエネルギーが一変する。こういう役者が今はいない。なんといっても松竹新喜劇は寛美の劇団であった。今回はリクエストをお客様からいただいて、三本目に上演するという画期的な公演となって、連日満員御礼、商業演劇としては、今では考えられない状態であった。リクエスト演目は、「お祭り提灯」、これ談志家元の好きな芝居。「愚兄愚弟」、これは千葉蝶(千葉蝶三郎)の芝居。「裏街の友情」、これは泣ける。「峯の出来事」「はなの六兵衛」「浪花の夢宝の入船」「浪花の鯉の物語」「はっぴとズボン」「小判を抱えた弁天さん」。酒井光子の名演が光る「ぼんち子守唄」「村は祭りで大騒ぎ」「大当たり高津の富くじ」。館直志の傑作「夜明けのスモッグ」「えくぼ」「小判掘り出し帳」「恋は唄にのって」。新派のパロディ「鴨八ネギ次郎」「二階の奥さん」だった。寛美以外では千葉蝶三郎の人気は絶大で、リクエスト狂言のいたるところに出ているが、こういう俄《にわか》の味が出せる喜劇役者はこの人で終わりだろう。

談志家元と艶歌(中野にある懐メロバー)で千葉蝶の話で盛り上がった。

新喜劇で人気狂言はたいてい、この人が軸で動く芝居、逆に寛美は道化役がぴたりとはまる。「愚兄愚弟」の園芸商の高橋、「裏町の友情」の炭屋の主人、「浪花の鯉」の宮司、「ぼんち子守唄」の番頭、「村は祭り」の西田吾平は当たり役。わたしが観た喜劇役者の最高峰は、やはり千葉蝶三郎ということになる。この人がいなくなり、劇団員のシャッフルがあり、小島秀哉と大津十詩子が退団して、一部幹部が辞めて、月城小夜子が失踪して、そして、寛美がついに倒れ、帰らぬ人となり……、新喜劇の灯は消えた。新生新喜劇として二代目渋谷天外が曾我廼家文童とともに頑張っているのは記憶に新しい。さて、新喜劇といえば、吉本にも吉本新喜劇がある。こちらは東京でいえば、アチャラカにギャグをこれでもかというぐらい詰め込んで笑わせるなんでもありの劇団。このころは松竹派と吉本派にファン層が二分していた。角座の松竹と花月の劇場を中心にした吉本と、お笑いの世界も二分していた時期だ。わたしはどちらも好きだった。コテコテの吉本新喜劇と大阪の俄をベースにしていた松竹新喜劇。子どものころ、この松竹新喜劇のほうがややくさいなあ……と感じてはいたが、やはり吉本はいまだに人気がある。つまり四十年たってもまだお笑いの世界で生き残っているからすごい。その分、新派や新国劇同様、松竹新喜劇は今の時代にはそぐわないのであろう。大阪俄《にわか》といってもほとんどの人がピンとこない、そんな時代になってしまった。昭和四十年代は、吉本は秋山たか志、船場太郎、花紀京、岡八郎、原哲男、平参平、あと財津一郎や奥津由三もいた。そんなところが座長。対する松竹新喜劇は渋谷天外が病に倒れ、藤山寛美の独り舞台。松竹もいい、吉本もいいと気持ちがあっちにいったり、こっちにいったりしていたものだ。

其の十五　昭和四十九年一月「劇団喜劇」第三回公演　名鉄ホール

名古屋にも「新国劇」「新派」新劇だと「俳優座」「民藝」など多くの劇団がやってきた。昭和四十八年に産声を上げた喜劇の集団、劇団喜劇。ここ名古屋の名鉄ホールで柿落《こけら》とし、梅田コマ、日劇、また名鉄に戻り、それから新宿コマ、京都南座、大阪中座と数多くの公演を成功させ、この年三回目の公演を名鉄で開催することとなった。この年から数年は名鉄の正月は劇団喜劇で幕開けをすることになる。わたしも中学生、ようやく芝居になじんできたころ、毎年正月は、この劇団が来るのを楽しみに、もちろん皆勤賞であった。この劇団は花登筺《こばこ》の主催する劇団で、このころの花登は、飛ぶ鳥を落とす勢いであった。テレビドラマ「船場」「細うで繁盛記」「どてらい男《やつ》」「じゅんさいはん」「ぼてじゃこ物語」「らっきょうの花」「あかんたれ」「続・あかんたれ」。全部、テレビにかじりついて見た。特に日曜の夜は、「細うで繁盛記」をどんなことがあっても全回欠かさずに見た。新珠三千代、高島忠夫、滝田裕介、富士真奈美、柏木由紀子を大村崑、谷幹一らがしっかり脇を固めて、視聴率も高かった。花登作品はおもに根性もの、商売の駆け引きなどをちりばめながら、喜劇の味を入れて視聴者をぐいぐい引っ張った。細腕で頭角を現したのが、まず正子役の富士真奈美。瓶底メガネをかけ静岡弁を駆使して、大活躍。三枚目だけどメガネを外し素顔は美しい人だ。赤木春恵もこのころは売れずにいて、一躍スターに。園佳代子、名古屋では、「あかさたな」「三婆」での好演でお馴染み。この人も早世が惜しまれる。脇では森明子、この人はうまい役者だった。大阪では、モリアキの名称で演藝マニアには知られた存在。宝塚の新芸座から劇団喜劇の旗揚げに参加という経歴。わたしはこの公演でモリアキを訪ね、サインを貰いに行ったことがある。森さんはわたしを見つけるなり、驚いたように「ぼく、本当にわたしのファン、嬉しいわねえ、また来てくれる……細腕見てくれてるの……(母親に向かって)しかし、こんな子がいるんですね」。母親負けずに「いつもモリアキ、モリアキっていってますよ」などといったから、長話になってしまい、サインなど貰わずに帰ってきてしまったことがある。森明子この後、劇団を退団してなんと松竹新喜劇に加入、名前が宮原八須絵だったたか、新喜劇ではこれだけうまい役者でもいまひとつぱっとしなかった。このころの松竹新喜劇は正司照枝がいて双葉弘子もいて、ややキャラクターが重なるのも原因だったのかもしれない。やはり相性というのがある。

もうひとり忘れていた。三浦策郎。この人も飄飄《ひょうひょう》たる存在で、いい味を出している。劇団のまさに人間文化財的存在だ。劇団喜劇のメンバーは大村崑、谷幹一、石井均のキンコンカントリオ。高田次郎、沢本忠雄、亀井光代、丸山みどり、三浦策郎、森明子、臼井香世という顔ぶれ。この年の名鉄はにぎやかだった。この後、二月が三木のり平の初春喜劇「めおと泥棒」。志ん朝師匠も出ている。俳優座の公演があって、三月は石井ふく子率いるストーンウエル公演。なんと「女房と味噌汁」。池内淳子、山岡久乃、長山藍子、大空真弓、一の宮あつ子というお馴染みの顔ぶれ。民藝の公演があって、わずか五日公演だと思う。新劇は短い。細川ちか子、この人白石加代子など問題にならないほどの怪優だ。滝沢修、清水将夫、大滝修治という懐かしい顔ぶれが並ぶ。そのあとが、ミヤコ蝶々の代表作「女ひとり」。相手役は佐々十郎。南都雄二より数段うまい。この人、関西の藝人のだれからも慕われた大阪きっての喜劇役者。大村崑とのコンビで、こんちゃん、ささやんって呼ばれて人気者。この人も早世が惜しまれる藝人だった。佐々十郎の芝居はいまだに目に焼き付いている。名鉄ホール絶好調のころのお話。

其の十六　昭和五十年八月　東宝森繁劇団　特別公演

昭和という時代、すべての藝能において、もちろん落語もそうだが、名人クラス、つまり大物といわれる藝能人が存在していた。いわゆるドンというやつ。平成の時代に入り、このクラスがいなくなってきて、すべての世界が種々雑多な小物、これは、少々失礼ないい方なので、いい換えれば、全体的に小粒になってきた……どっちでも同じか……。若い藝能人がよく大先輩の藝人を大御所と呼んでいるが、そう呼ばれている藝能人を見るとまったくたいしたことがない。昭和の大御所とは比べようにならない。落語界においても、それぞれの色で輝いている人がたくさんいるというのが今で、その反面、文楽、志ん生、圓生、小さんという名人クラスがいなくなってしまった。限られた大御所しか出演できなかったホール落語会でも、いろんな噺家さんが出演するようになった。そ

東宝
森繁劇団
御園座創立80周年
特別公演

れはそれでいいことかもしれない。大物と小物（くどいがなんか失礼な気がする）の違いは何かといえば、大スターのころ、愛称で呼ばれていた。森繁はしげさん、あるいはダイレクトにモリシゲ、長谷川一夫はちょうさん、錦之介はキンちゃん、裕次郎はユウちゃん、勝新太郎のかつしん、水谷八重子のヤエちゃん、あるいは、ただ水谷、山田五十鈴のベルちゃん、杉村春子のオハルさん、越路吹雪のコウちゃん……といった具合。

さて、このプログラムは、昭和の大御所、シゲさんこと森繁久弥の公演。御園座ではおなじみ。「屋根の上のバイオリン弾き」はミュージカルになるので、この分野は中日劇場。劇団の公演は御園座という棲み分け。劇団の十八番「佐渡島他吉の生涯」。東宝現代劇の古典といわれた「暖簾」。そして今回の「浪花の花道」。わたしはこの三本を見ることができた。この芝居を見て、わたしは子どものころから、森繁は映画人だと思っていたら、やはり生粋の舞台役者だということを痛感した。お客をそらさないこととサービス精神は天才喜劇役者、藤山寛美に通じるものがある。多藝多才で優れた話術、独特の間で客席を引っ張り込む。それにすごい努力家だ。一流の役者が努力するから、どんどん高みに行く。下手な役者は努力しない。この法則は昭和の時代から今にいたるまで不変だ。そしてもうひとつ、この人、周りへの気配り、面倒見がすこぶるいいことだ。森繁ファミリーを率いて、藝能界のドンとして長きにわたって君臨していた。わたしが生まれてこのかた、香盤（序列）最高位であろう。ドラマや映画のエンドロール、必ず筆頭かトメである。その位置以外に見たことがない。晩年は特別出演という肩書きが必ず付いたという存在。面倒見がいいという点からいえば、なくなった名古屋の「鳥久」なんかで後輩役者たちと会食しているところを見たことがある。観光ホテルのロビーのサロンでは、深々とソファに座る森繁を竹脇無我、松山英太郎などが取り囲んで珈琲を飲んでいるところを何度か目撃した。名古屋の公演中、わたしですら、数回目にしているということは、こういうことが日常茶飯事だったのであろう。人付き合いを大切にする人なのだろう。子どものころ、わたしはこの人のシリアスな芝居はあまり好みではなかったが、小学校の頃、名古屋の日劇で観た、これは自慢話で、町内に日劇があったということ、その日劇で観た「社長シリーズ」のバカバカしさには圧倒された。社長シリーズを観ていると、この映画に出てくるすべて、流れる音楽も、その背景もセットの作りも、すべてが昭和。当たり前の話だが、そんな良き昭和四十年代、自分の子どもの頃がよみがえってきてワクワクするのである。日本が景気の良い頃、まあ景気が良いというか、日本が本当の意味で一番元気だったころの映画なのである。俳優陣も思いっきりアドリブを飛ばしながら、お互いの丁々発止が見ていてたまらない。森繁久弥を筆頭に、小林桂樹、加東大介、三木のり平のレギュラーメンバーにフランキー堺がいい味を出す。かたや、淡路恵子、草笛光子、新珠三千代、池内淳子というおなじみの女優陣。奥方役の久慈あさみはピッタリこの役にはまる。雪村いずみは可愛いし、藤山陽子が若くて、とびきり清楚だ。ライバル会社の社長役が河津清三郎、これがまさに適役。加東大介夫人役の東郷晴子、大ベテランの英百合子が小林桂樹の母親役で出てくる。出演時間がわずかでも存在感がある戦前の女優だ。見事に昭和の母親を演じている。歌舞伎のほうで、当然、このころは東宝だから、松本染升がチョイ役で出てくるが、これは貴重だ。この人、いつも台詞《せりふ》がないが、これがかえって目立つ。このシリーズ一押しは、「社長漫遊記」。それから、香港のスター、尤敏《ゆうみん》が出てくる「社長洋行記」。尤敏の奇跡的な美貌にうっとりしたものだ。わたし、小学校の一年生のとき、恥ずかしながら、この人に舞上《まいあが》ってしまったのである。

話が映画のほうにいってしまった。そのくらい森繁はわたしにとって映画のスターであった。その森繁を一度舞台で観たくて、祖父を連れて御園座に出かけたのが昭和五十年の森繁劇団の公演。サブタイトルに御園座創立八十年とある。この人、やはりただならぬ舞台役者であったということだけが、記憶に残っている。

今回の芝居は、日本に初めて「喜劇」という旗印を掲げた曽我廼家五郎・十郎の五郎の一代記をもとにした「浪花の花道」(長谷川幸延原作)で五郎が森繁、十郎をコメディアンの古参格、有島一郎(特別参加)を迎え、ほかに芦屋雁之助、林美智子、三浦布美子、三上真一郎、阿井美千子、芦屋小雁という布陣。雁之助が慕う右下恭彦、わたしの好きな石見栄、青木玲子、和田弘子、村田美佐子という東宝現代劇のおなじみの顔が並ぶ。カッパ黄桜の三浦布美子と阿井美千子は、このころ、商業演劇にひっぱりだこであった。森繁の芝居に感激して、のちの「屋根の上のバイオリン弾き」も何度か見て、「暖簾」や「夫婦善哉」を見て、テレビでは「だいこんの花」を見て、映画の駅前シリーズも見て、シリアスなドラマも見て、ほとんど見て、森繁のすごさを体感しても、どれかひとつをあげるとすれば、やはりわたしは「社長漫遊記」や「社長洋行記」のばかばかしさが一番だと今でも思っている。海外に出張して痔の手術をして輸血をして、自分の体のなかにはアメリカの血が流れていると自慢話をする堂本社長、これ以上の可笑しさはない。

其の十七　昭和五十五年　六月公演「新台所太平記」

森繁劇団の公演が御園座創立八十年の記念公演となれば、今回の「新台所太平記」は創立八十五年公演となる。何周年とか何百年記念とか、わたしはこの手の煽りが嫌いだ。確かにわたしが今お手伝いしている日本演芸若手研精会は三百回記念公演をやった記憶がある。それ以降はやっていない。

この間、ある落語会が六周年記念というのをやっていたが、いかがなものか。何周年だろうが、お客さんにはあまり関係ないと思うが……。まあ、そう思うのはわたしだけか。さて、この「新台所太平記」チケットは珍しく、早くからとって出かけた。楽しみだった。狙いはひとつだけ、ご贔屓《ひいき》の一の宮あつ子がでるからだ。ただそれだけ。それだけだったが、この芝居、わたしにとって結構な収穫があった。勘三郎を軸に、新珠三千代、京塚昌子、一の宮あつ子のベテラン陣に若手の荻島真一、吉沢京子、おなじみの岡本信人、それに藝達者な立原博という、わたしにとって完璧なラインナップ。あまりにも完璧なので、プログラムの写真紹介をお見せする。何度見ても完璧だ。中村勘三郎という歌舞伎界の大御所の現代劇に、三人のベテラン女優が個性を出して溶け合っている。今(この当時)旬だった荻島真一と吉沢京子がいて、立原がひとりで脇を固める。くどいが、少

数精鋭の完璧なプログラムであった。ひとりひとりの藝はもちろん素晴らしいのではあるが、それよりチームワークの良さが光った、そんな芝居であった。

ご贔屓の役者が出ているこの芝居を亡き祖父も天国で喜んで見てくれていると思う。祖父は、この「新台所太平記」帝劇の初演も楽しみにしていたが、ついに見られなかった。ほんの三カ月間に合わなかった。人形町の谷崎潤一郎の生家跡に行くといつも「新台所太平記」を思い出すのである。そういえば、日比谷を歩くと、芸術座や一の宮あつ子のことを思い出す。その土地に行っただけで、いろんなものが連想され、役者の顔が思い浮かぶ。わたしはそんなことばかりしょっちゅう考えている。ハハのんきだなって、最近このフレーズをトンと聞かない。

其の十八　昭和六十三年十月　第二十四回　吉例　名古屋顔見世興業

わたしが歌舞伎狂言のなかで一番好きなのが「摂州合邦辻《せっしゅうがっぽうがつじ》」である。初めて見たのが昭和五十二年十月、名古屋の顔見世。受験を控えた忙しい最中の高校三年生、この年は落語鑑賞記録を更新した年でもある。つまり勉強をまったくしないで、寄席通いと芝居見物をしていた。落語の「七段目」の若旦那のような生活をしていたころ、おかげで成績はクラスでは底の底。ただし現代国語と古文は十八番《おはこ》で、教科で十八番というのはおかしいが、でも、教科十八番というのはいい。

自慢ではないが、国語の成績だけはトップクラスというより断トツ一位。なにしろ進路指導の国語の教師が、わたしに教えを請うていたくらいだ。通知表でいえば、英語、数学、物理、化学あたりは軒並み零点に近い赤点。国語は毎回十評価。また話がそれたが、このころ、ようやく歌舞伎を覚え始めて、歌舞伎公演は欠かさず昼夜通しを少なくとも二回やっていたころ、初心者から通になる手前まえできているころの藝生意気ざかりのころとでもいうか。「合邦《がっぽう》」は玉手《たまて》御前が尾上梅幸、受ける合邦が羽左衛門、菊五郎の俊徳丸《しゅんとくまる》に、勘九郎(十八代目勘三郎)の浅香姫、入平は確か、蓑助(九代目三津五郎)、これに合邦女房が菊蔵という新旧役者の豪華版。

最初見たときは、退屈で退屈で、客席の人数を数え始め、それでもつまらないから、とうとう眠ってしまった。配役が悪いわけではない、この当時としては実に結構な配役だ。最後のあたりでようやく目覚めると、舞台では玉手がまっ青な顔をして百万遍の中で息絶えるところ。鐘がひとつ、義太夫の熱のある語りで柝《き》がチョンとなる浅黄の幕が閉まり、その幕が少しばかり揺れているという光景を目にしたとき、体がぶるぶる震えだしてしまったのである。余韻に慕って、しばらく席を立てなかったのを覚えている。そういう状態でありながら、実際にはこの芝居ほとんど見ていない。幕開きで、女房が講中の村の人を見送るところから、辻が出てくるあたりまでの記憶、起きて観たのは、最後の場面だけ。そうなるとなぜだか、とんでもない凄い舞台をやっていたんだなあと、震えを感じながら、後悔の念ばかりが残ってしまった。それからこの「合邦」を観るという目的でこの月の顔見世に三回行ったのである。

反省しながら、今度は見逃さないと勉強して御園座に行った。とにかく、歌舞伎の技法がこの狂言にいっぱい詰まっていることと複雑に入り組んだ人間関係、女形の最高の演技力が必要になる大芝居であることが後になって少しずつ、それも行きつ戻りつ、歌舞伎という藝能を大きなところを理解しながら、ほんとに少しずつわかってくるのである。今となっても歌舞伎の良さが理解できているのは五十パーセントにすぎないであろう。そこまで深いものであるというのが、この「合邦」で分かる。

わたしは分かっていないということが分かるというプロセスが好きで、これがこの世界をとことん追究する原動力になっている。歌舞伎に対しての入り口も、「なんで大人は、こんなつまらないものを我慢して一時間も二時間も集中して、観ていられるのか」それが、子どもの頃、不思議でならなかった。そこがわたしの歌舞伎鑑賞の原点である。そうなると、わたしは、そこをとことん追究したくなるのである。そういう意味で、この「合邦」はわたしを歌舞伎の世界に駆り立てる絶好の芝居なのである。

さて、この昭和六十三年の顔見世は、歌右衛門、仁左衛門の大御所をはじめ、羽左衛門、芝翫《しかん》、團十郎、福助(現梅玉)、我當《がとう》、秀太郎、彦三郎、松江(現魁春)、東蔵《とうぞう》、勘九郎(十八世勘三郎)、時蔵、市蔵、橋之助という顔ぶれ。今回の昼は團十郎の「若き日の信長」。芝翫《しかん》の「紅葉狩《もみじがり》」「摂州合邦辻」の三本。夜の部が「鈴ケ森」「対面」、團十郎の「寺子屋」、勘九郎の「鏡獅子」というオーソドックスな人気狂言が並ぶ。

今回は、なんといっても、昼の部の「摂州合邦辻」に注目が集まるのは当然だ。この顔見世の予告に、このメンバーが発表され、次いで演目が発表されたときに、わたしは飛び上がった。ついに歌右衛門、仁左衛門の「合邦」が観られる喜び。この時から、どうか休演しないようにとどれだけ祈ったか。松島屋の代わりは羽左衛門がいる、成駒屋の代わりにも一応、芝翫がいる。それでも何とか形にはなるが、歌右衛門、仁左衛門でなければ意味がない。ワクワク感も半減されてしまう。このころ、歌右衛門は休演が多く、体調と相談しながらの舞台であった。前もって予告されていても、初日を迎えて休演になり、中日《なかび》あたりに数日出て、これ以降、休演ということが多かった。前年の国立での「合邦」も前の月の「喜撰」のお梶でケガをして、この月は中日まで休んで、途中から無理をして出てきて玉手を演った。

仁左衛門にいたっては、御年八十五歳である。観たいけど、無理はさせられない。なんとか休演だけはと……祈り続けたが、お二人とも今回の名古屋は並々ならぬ入れ込みで臨んでいるというニュースを小耳にはさみ、安堵したものだ。とはいえ、こんなにも待ち遠しく思えたのは、これが最初で最後であろう。

そして、いよいよ無事、開幕となる。歌右衛門、仁左衛門の最高の顔合わせによる「合邦」はファンとして何度も見せてもらいたいが、それには過酷な要望かもしれない。一期一会の思いで観ることにもなる。はっきりいえば、最後になるだろうと、ほとんどのファンが確信している。新聞の見出しにも、プログラムにも、この顔見世の「合邦」をこれでもかと煽《あお》っている。両人間国宝の迫真の演技が観られる「摂州合邦辻」。今回のハイライトはまさに歌右衛門の玉手、仁左衛門の合邦による「摂州合邦辻」……。ほかは添え物で、どのマスコミもこの一点に集中した。これは珍しい

ことだ。そうはいっても、若き團十郎と勘九郎が四役も受け持っているのがすごい。さて「摂州合邦辻」に関しては演劇や歌舞伎の専門書を読めば詳しく書かれているので、わたしがここで改めていうことがないので、割愛するが、渡辺保さんの『歌右衛門伝説』のなかの第三部、円熟の黄金時代のなかにある、夕日の輝き〜「合邦」の玉手御前に大変詳しく親切に書かれている。わたしはいろんな本を読んだが、なかなか奥が深い。歌舞伎の用語でよく使われるクドキということば、心情を思いにのせて語るところ、そのクドキを見せかけの恋という、トリックを内に秘めた述懐、それから殺し、手負いになったモドリ、多彩な演出手法をこの一幕に凝縮したような筋立ての展開。ビデオで何度観ても飽きないし、このあたりの歌舞伎技法の奥深さは、この若いころでは到底わからない。もちろん今でも、なかなか理解は深まらない。玉手でも歌右衛門と梅幸ではまったく表現の仕方と腹が違う。相手の合邦も仁左衛門と羽左衛門とでは、玉手の引き出し方が変ってくる。合邦女房も難役で、子団次さんが演るのと、上村吉弥(先代)や、古くは多賀之丞がやるのとでは夫婦の心情が変ってくる。そんなこと、子どものころは何も分からない。ただ分からずに観ている自分のことは分かっているのがわれながら凄い。そういえば、祖父は口癖のように、わたしに「人間というものは、自分のことを自分が一番分かっていない。自分自身分かっていないことがたくさんあるんだということを常に覚えておきなさい」ということをいっていたのを思い出す。

高校三年のこの時は、とにかく歌右衛門、仁左衛門の最高の顔合わせでの「合邦」は今世紀最高の舞台になるということと、これが最後という意味で興味があり、何度とこの月、御園座に通った。

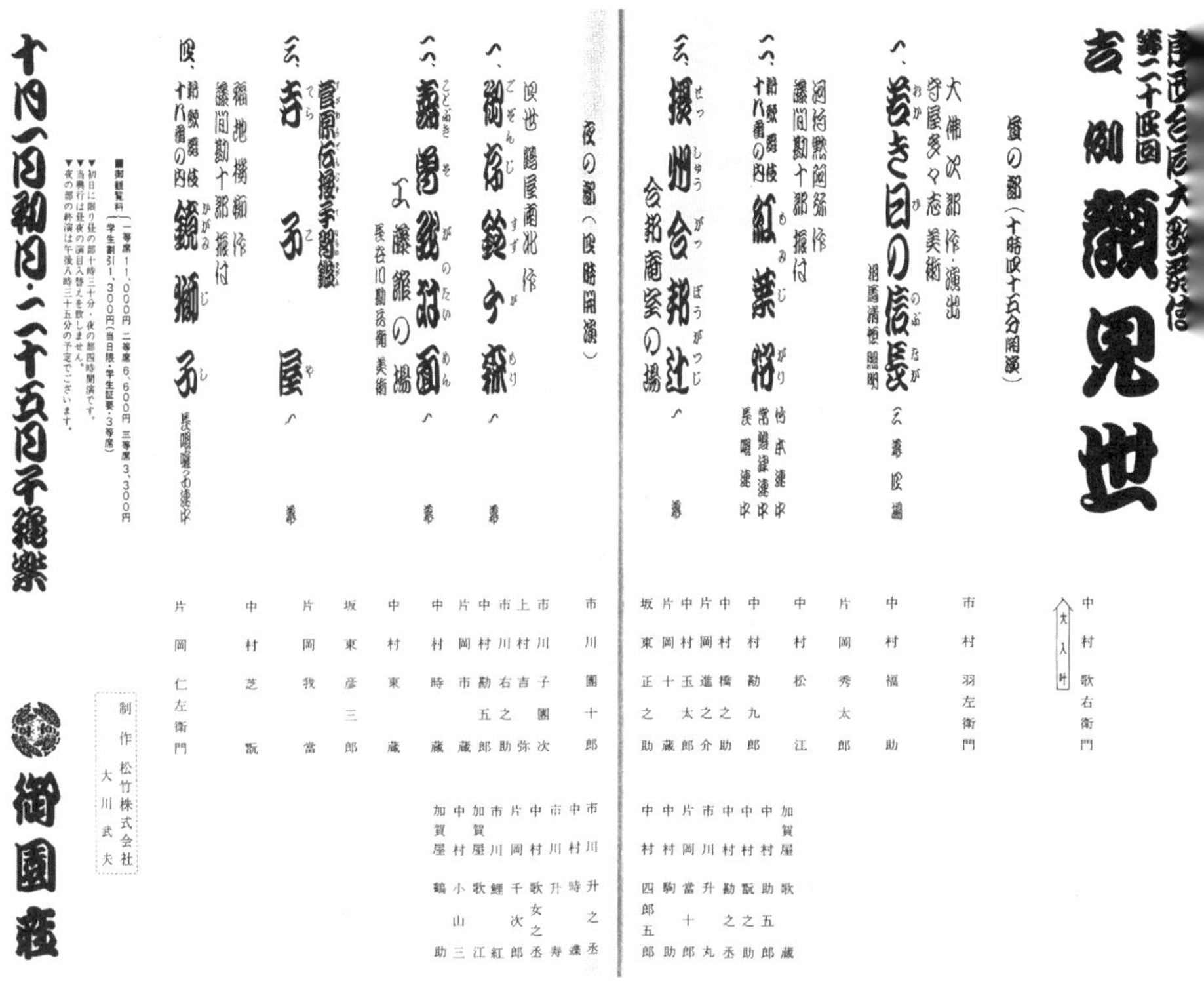
東西合同大歌舞伎
第二十四回
吉例顔見世

昼の部（十時四十五分開演）

一、若《わか》き日《ひ》の信《のぶ》長《なが》（三幕四場）
大佛次郎作・演出
守屋多々志美術
相馬清恒照明

二、歌舞伎十八番の内 紅《もみ》葉《じ》狩《がり》
河竹黙阿弥作
藤間勘十郎振付
竹本連中
常磐津連中
長唄連中

三、摂《せっ》州《しゅう》合《がっ》邦《ぽう》辻《がつじ》 一幕
合邦庵室の場

夜の部（四時開演）

一、御《ご》存《ぞん》鈴《すず》ヶ《が》森《もり》 一幕
四世鶴屋南北作

二、寿《ことぶき》曽《そ》我《がの》対《たい》面《めん》 一幕
工藤館の場
長谷川勘兵衛美術

三、菅原伝授手習鑑《すがわらでんじゅてならいかがみ》
寺《てら》子《こ》屋《や》 一幕

四、歌舞伎十八番の内 鏡《かがみ》獅《じ》子《し》
福地桜痴作
藤間勘十郎振付
長唄囃子連中

■御観覧料（一等席11,000円 二等席6,600円 三等席3,300円
学生割引1,300円（当日限・学生証要・3等席））
▼初日に限り昼の部十時三十分・夜の部四時開演です。
▼当興行は昼夜の演目入替えを致しません。
▼夜の部の終演は午後八時三十五分の予定でございます。

十月一日初日・二十五日千穐楽

（大入叶）
中村歌右衛門
市村羽左衛門
中村福助
片岡秀太郎
中村松江
中村勘九郎
中村橋之助
片岡進之介
中村玉太郎
片岡十蔵
坂東正之助

加賀屋歌蔵
中村助五郎
中村翫之助
中村勘之丞
市川升丸
片岡當十郎
中村駒助
中村四郎五郎

市川團十郎
市川子團次
上村吉弥
市川右之助
中村勘五郎
片岡市蔵
中村時蔵
中村東蔵
坂東彦三郎
片岡我當
中村芝翫
片岡仁左衛門

市川升之丞
中村時蝶
市川升寿
中村歌女之丞
片岡千次郎
市川鯉紅
加賀屋歌江
中村小山三
加賀屋鶴助

制作 松竹株式会社
大川武夫

御園座

最後のところで本当に泣きながら手を合わせたのを鮮明に覚えている。亡くなった祖父は、梅幸、八代目三津五郎で「合邦」を観ている。ちなみに女房は多賀之丞、祖父は、この「合邦」は義太夫が腹に入っている仁左衛門の方がいいし、歌右衛門も演りやすいだろう、きっといい玉手が出来るだろう、ただ梅幸さんは松島屋ではそうはいかないんだよ、梅幸さんは相手がどうあれ、変らないんだよ、といっていたのを覚えている。これはどんな書物にも書かれていないが。幕あけに出てくる村の講中、ここは歌舞伎の古老が居並ぶが壮観だ。この時は、成駒屋の芝居なので、予想通り、歌蔵、鶴助、駒助、翫之助、當十郎、升之丞という顔ぶれ。鶴助さんの台詞「いつもながらの手厚い御回向」の一言。この役だけにひと月、名古屋の楽屋に入る。この頃、お年は八十七歳。楽屋口から出てくる鶴助さんを追っかけたり、升之丞さんの出待ちをしたり、こんな子ども、おそらく世界中を探してもわたしひとりだと思う。

とにかく脇役が大好きで、このころそういう役者さんを追っかけまわした。

多賀蔵さんには、どうして舞台に出ていないのに看板が上がっているのかと問い詰めたことがある。こんな子どももいないだろう。脇が好きだが、とはいえ、ここまで書いていてお気づきかと思われるが、わたしは成駒屋(歌右衛門)の大の贔屓《ひいき》で、歌舞伎は歌右衛門命であった。そういえば、子どもの頃、よく真似をして、周りの子どもを白けさせた。名古屋御園座初顔見世の「京鹿子娘道成寺」にはじまり、中日劇場の「建礼門院」のフルバージョン、これも名古屋で「墨染」、相手役は先の幸四郎。十二代目團十郎の助六での揚巻。「先代萩《せんだいはぎ》」の政岡。これはほとんど爆睡している思い出がある。「先代萩」の俗にいう、飯炊《ままた》き、いつも爆睡、「喜撰」のお梶や「伊勢音頭」の万野《まんの》、わたしはこういう役が好きだ。この万野、雁治郎丈(二代目)の名古屋最後の舞台の記憶が鮮明だ。老体に鞭打って、買って出たこの役、中日《なかび》前で休演になる。

わたしはこれにも間に合った。「十種香《じゅしゅこう》」では八重垣姫は一度も観ていない。名古屋でも東京でもいつも濡衣、最後は「沓手鳥孤城落月《ほととぎすこじょうのらくげつ》」の淀君。晩年は何度と歌舞伎座に行っては、休演が続き、なかなか大成駒を観ることが出来なかった。淀君は成駒屋晩年の名演になった。

この昭和四十年代の公演から、およそ二十年間、わたしは歌右衛門の美しさに魅了され続けてきた。そして、歌右衛門を通して、歌舞伎という藝能に興味を持ち、他の藝事を愛好しながら、自分自身も少しずつ成長してきたんだと思う。歌右衛門はわたしにとって神秘なのである。七十を越えた老優を美しいと感じてしまう。女性というより人間としてこういう美しい人を見たことがない。友人の旅館で見た成駒屋、ほんの数十センチ前に見た歌右衛門、「建礼門院」を上演するにあたって大原の里に行った時、寂光院の書院から渡り廊下を本堂に歩みを進める歌右衛門の美しさは、この世のものとは思えないほど後光がさしていた。まるで高倉帝の后徳子そのものであった。中村歌右衛門、見られなくなってもう十七年の歳月が流れる。

昭和六十三年、この年の顔見世を最後に、御園座から遠ざかっていく。二度と御園座に行くことはなかった。そういう意味でわたしの一番印象に残る顔見世であったことには間違いない。

昭和六十三年の番組を見ていただくと、いつも通り、大入り看板を左に、歌右衛門が上置(別格が、羽左衛門の対称が芝翫になり、ここで浮いた仁左衛門がこの場合の羽左衛門・芝翫の対称で團十郎が中軸という形をとる、実にややこしい香盤だ。このころ、これが分からなくて、随分悩んだものだ。祖父が生きていたら、「二十八(年齢)にもなって、そんなことが分からないのか」と、叱られるだろう。それぞれ役者も改名があり、この番組も今は随分、様変わりした。三十年もたてば、当たり前ではあるが……。

(了)

【第一章】

(1)愛染夜曲　映画「続愛染かつら」の主題歌。作詞は西条八十、作曲は万城目正、歌は霧島昇、ミス・コロンビア。「朝日夕月」とのカップリング曲として、昭和十四年(一九三九)五月に発売された。

(2)悲しき子守唄　昭和十三年(一九三八)に大ヒットした映画「愛染かつら」の主題歌のひとつ。「旅の夜風」「愛染夜曲」「愛染草紙」「荒野《あれの》の夜曲」、そして、「悲しき子守唄」と続く。Wけんじの十八番ネタに「お笑い愛染かつら」がある。東けんじが音を外して唄う「悲しき子守唄」は絶品。

(3)赤い椿の港町　コロムビアから昭和二十五年(一九五〇)十二月に発売。西条八十作詞、上原げん作曲、霧島昇唄。NHKの「ビッグショー」にて久しぶりに、この曲を唄う。このとき唄ったヒットメドレーは壮観だ。

(4)西田佐知子　歌手。昭和十四年(一九三九)大阪府大阪市生まれ。高校卒業後、歌手デビュー。代表作に、「アカシアの雨がやむとき」がある。やるせなく、けだるく唄うこの唄や「東京ブルース」はいい。

(5)園まり　歌手。昭和十九年(一九四四)四月十二日、神奈川県横浜市生まれ。昭和三十九年(一九六四)「何も言わないで」が初ヒット。

(6)伊東ゆかり　歌手。女優。東京都品川区出身。十一歳のとき、キングレコードから本格デビュー。昭和四十二年(一九六七)の「小指の想い出」が大ヒット。

(7)藤圭子　昭和二十六年(一九五一)七月一日〜平成二十五年(二〇一三)八月二十二日。歌手。岩手県一関市生まれ。北海道旭川市育ち。代表曲は「圭子の夢は夜ひらく」。娘は歌手の宇多田ヒカル。演歌歌手というくくりなら、この人は昭和を代表する人である。

(8)五代目痴楽　落語家。昭和二十六年(一九五一)十一月三十日〜平成二十一年(二〇〇九)九月七日。北海道生まれ。高校中退後、四代目痴楽に入門。平成八年(一九九六)、五代目柳亭痴楽を襲名。

(9)柳亭痴楽(四代目)　落語家。大正十年(一九二一)五月三十日〜平成五年(一九九三)十二月一日。富山県生まれ。四代目は、綴方狂室の痴楽と呼ばれる。昭和十六年(一九四一)四月、二ツ目昇進で四代目痴楽を襲名。三代目三遊亭歌笑とは親友で、ライバルだった。歌笑の突然の死で痴楽が代演。歌笑の「純情詩集」に似た新作落語「痴楽の綴方狂室」でその後、一気に人気が出た。

(10)ミナト座　映画館。大正三年（一九一四）に名古屋市に開館した映画館が港座。戦後の昭和二十二年（一九四七）に再開されてストリップ劇場となる。

(11)大須演芸場　名古屋市大須にある寄席。大須観音のすぐそばにある。戦後の昭和二十二年（一九四七）に再開されてからはストリップ劇場となり、三十二年（一九五七）からは日本映画を上映する大須劇場。最後はストリップ劇場の港ミユウジック。三十八年（一九六三）にストリップ劇場の港座が閉館、建物の半分が壊され、残った部分を改築し、四十年（一九六五）十月一日に開館。席亭は樋口君子。四十八年（一九七三）に樋口の後に席亭になったのが足立秀夫だった。平成二十六年（二〇一四）二月、家賃の未払いで営業終了。二十七年（二〇一五）九月、一般社団法人大須演芸場となり、運営が始まった。

(12)秋田實　漫才作家。明治三十八年（一九〇五）七月十五日～昭和五十二年（一九七七）十月二十七日。大阪市生まれ。漫才の台本や寄席番組の構成に関わり、現在の漫才の原型を作る。「上方漫才の父」とも呼ばれる。昭和二十三年（一九四八）に若手漫才師を集め、「MZ研究会」というサークル集団を結成。五十年（一九七五）には、若手漫才師、漫才作家による勉強会「笑の会」を組織。秋田Aスケ・Bスケは漫才コンビで唯一、秋田姓を名乗ることを許された。

(13)柳サンデー・マンデー　漫才コンビ。やなぎ浩二がもともと、秋田實を紹介され、十七歳のころ、三遊亭柳枝の最後の弟子となる。その後、柳豊作・万作で漫才コンビを組む。横山ホットブラザーズの弟子の小野田とコンビを組む。柳は、みんなから「万ちゃん」と呼ばれていたので、サンデー・マンデーとなる。その後、吉本新喜劇に。
やなぎ浩二　お笑い藝人。昭和十七年（一九四二）四月二十六日、兵庫県西宮市生まれ。三十三年（一九五八）、三遊亭柳枝に入門。三十四年六月、柳万作を名乗り、漫才コンビ柳豊作・万作を組む。その後、横山ホットブラザーズの弟子・横山サンデーと柳サンデー・マンデーを結成、柳マンデーを名乗った。

(14)ミヤコ蝶々　漫才師、女優。大正九年（一九二〇）七月六日～平成十二年（二〇〇〇）十月十二日。東京府東京市日本橋区小伝馬町（現・東京都中央区日本橋小伝馬町）生まれ。父親が藝事が好きだった。昭和十八年（一九四三）、吉本興業入り。三遊亭柳枝と結婚。柳枝の浮気が原因で離婚。二十三年（一九四八）南都雄二と漫才コンビを組む。二十六年（一九五一）、秋田實に見いだされ、宝塚新芸術座に入る。ラジオ番組「夫婦善哉」はテレビ番組へと続いた。

(15)片岡あや子　タレント。平成五年（一九九三）三月二十二日没。鳥取県出身。吉本新喜劇の女座長として活躍。チャンバラの伊吹太郎夫人。

(16)中山美保　お笑いタレント。昭和十三年（一九三八）年二月十三日～平成二十九年（二〇一七）二月七日。徳島市出身。二十代〜三十代のころ、新喜劇のヒロインとして長年にわたって吉本新喜劇を支えた。

(17)**河村節子**　漫才師。吉本新喜劇の女優。大正三年(一九一四)〜昭和六十年(一九八五)二月二十七日。大阪市生まれ。初代ミスワカナの弟子でワカ子を名乗る。昭和十四年(一九三九年)ごろ、桂春雨と組む。三十二年(一九五七)、吉本興業に入り、四代目ミスワカナを襲名。玉松一郎とコンビを組む。その後、河村節子の名で吉本新喜劇に。

(18)**いか八朗**　タレント、作曲家、俳優。本名・近藤覚悟。昭和九年(一九三四)四月十二日〜。高知県出身。浅草演芸場で、フランケン卓山率いるコント東京ギャラントメンのメンバーとして活躍。その後、作曲家、俳優、お笑い藝人に転身。コマーシャルによく顔を出す。

(19)**道和多比良《みちはたいら》・大津おせん**　夫婦漫才コンビ。十八番は、おせんの弾く三味線の安来節にあわせて、多比良がどじょうすくいを踊ると手品仕掛けで本物のどじょうが数十匹出てくるというもの。
道和多比良　落語家。桂小米喬の弟子。明治三十二年(一八九九)〜昭和四十八年(一九七三)。
大津おせん　女道楽の大津お萬の弟子。本名・森タツエ。明治三十七年(一九〇四)〜没年不詳。最初は女道楽で高座に出る。

(20)**ダーク大和**　奇術師。役者。司会者。昭和三年(一九二八)十一月一日〜平成三年(一九九一)八月十日。島根県生まれ。父親のすすめで藝人となり、戦後は大衆劇団の大部屋俳優。昭和二十四年(一九四九)、ダーク大和を名乗る。伊沢八郎や三波春夫などの歌謡ショーで司会をつとめる。島根県出身ということで安来節を得意とした。手品と組み合わせた「安来節手品」を完成させる。

(21)**大津お萬**　女道楽。
女道楽　単独または複数で三味線や太鼓を使って好き放題に演じる演藝。かつては江戸でも上方でも寄席の色物として高座にかかっていた。最初は二人組で、俗曲や三味線の曲弾きを聴かせたり、手踊りを見せたりした。大正期が全盛で、その後、漫才に吸収された。女道楽でも有名なのは立花家橘之助で「都々逸」「のんき節」「数え唄」などを披露、山田五十鈴の舞台「たぬき」のモデルとして知られている。この人の弟子が芸術協会で活躍した俗曲の桧山さくら。さくら師匠は、わたしが大津お萬の話をするると、あの大御所が背筋を伸ばして聞いてくれた。

(22)**千葉琴月《ちばきんげつ》**　女流音曲師。女道楽。明治二十二年(一八八九)〜昭和四十九年(一九七四)八月二十七日。広島県生まれ。あらゆる邦楽を学ぶ。戦後、寄席に出演、女流音曲師として活躍。

(23)**玉川スミ**　三味線漫談家。大正九年(一九二〇)七月十七日〜平成二十四年(二〇一二)九月二十五日。福島県郡山市出身。

父親が浪曲師、桃中軒雲工。初舞台は三歳のとき。

(24)桂喜代楽《かつらきよらく》・愛子《あいこ》　夫婦音曲漫才コンビ。大正から昭和にかけて活躍。喜代楽は明治三十五年(一九〇二)三重県生まれ。大正十四年(一九二五)三月に妻の愛子とコンビを組む。昭和に入り、東京で万才をやる。戦後は名古屋に住んで、昭和五十九年(一九八四)に喜代楽が死ぬまで活動を続けていた。

(25)雷門福助(初代)　落語家。東京・深川生まれ。ご存じ、玉川スミ先生の師匠にあたる。六代目雷門助六に入門。福助を名乗る。二ツ目のとき、師匠が名古屋に助六興行部を設立、同行。戦後、名古屋で旅館を営む。高座を退いていたが、のちに大須演芸場に出演するようになった。二代目福助　落語家。昭和三十三年(一九五八)一月十五日~平成六年(一九九四)十月十八日。東京生まれ。熱海で水死体で発見。自殺といわれる。

(26)橘家圓蔵(七代目)　落語家。明治三十五年(一九〇二)三月二十三日~昭和五十五年(一九八〇)年五月十一日。神奈川県横浜市生まれ。落語協会所属。八代目桂文楽に入門。桂文雀を名乗る。破門を繰り返し、別の一門に移籍。一時期、名古屋で桜川三平として幇間をやっていたが戦争で出来なくなり落語家に戻る。昭和二十一年(一九四六)三月、真打ち昇進。二十八年(一九五三)三月、七代目橘家圓蔵を襲名。

(27)大空みつる・ひろし　漫才コンビ。第十八回(昭和四十五年・一九七〇)NHK漫才コンクールで優勝。

(28)あした順子・ひろし　漫才コンビ。どつき漫才。実際には夫婦ではなく師匠と弟子のコンビ。昭和三十五年(一九六〇)に、南順子・北ひろしの名前でコンビを結成。漫才ではなく、ひろしが司会をして、順子が手品をするというマジック・コントだった。後に、リーガル天才・秀才にどつき漫才への転向をすすめられた。昭和四十年(一九六五)の大須演芸場開場を機に高座に専念。昭和五十一年(一九七六)、真打ち。

(29)花園ベティ・江美領一
ベティ　昭和九年(一九三四)生まれ。美人で美声。当時、中堅の歌謡漫才。
領一　大正十五年(一九二六)生まれ。西川ヒノデの実弟。ギター片手の歌謡漫才。

(30)美山なをみ・白川珍児　戦後にかけて活躍した漫才コンビ。夫婦だったといわれているが実際は不明。
美山なをみ　昭和十一年(一九三六)四月二十七日~?。幼い頃から少女漫才として人気者だった。美山なおみの藝名を使っていたこともある。
白川珍児　大正十四年(一九二五)一月二十四日~。堺市生まれ。戦前は落語家の桂枝輔の弟子だったが、コメディアンに転身。のちに漫才師となった。変人で知られていた。

（31）荒川ラジオ・テレビ　漫才コンビ。のちの木村透・好江。師匠は三遊亭小円・木村栄子。一時、名古屋で活躍した。来阪して、今のコンビ名に変る。

木村透　昭和八年（一九三三）生まれ。初代荒川ラジオに弟子入り。二代目ラジオ襲名。相方のテレビ（好江）は夫人。

好江　昭和二年（一九二七）生まれ。スカートめくりの藝がある。

（32）三遊亭小円・木村栄子　漫才コンビ。元落語家の小円の弾く三味線に合わせて栄子が唄う。毒舌と栄子の不器量が売りだった。

三遊亭小円　漫才師。落語家。明治四十三年（一九一〇）五月三十一日～昭和五十年（一九七五）十一月三十日。大阪府生まれ。八歳で七代目桂文治に入門。桂文彌を名乗る。昭和三年（一九二八）ごろ、漫才に転向。十二年（一九三七）に妻の木村栄子と漫才コンビ、三遊亭小円・木村栄子を組む。三味線を用いた漫才。小円は晩年、落語の高座にあがった。古風な香りのする繊細できれいな口跡だったという。小円が最後の三遊亭を名乗る上方藝人だった。

木村栄子　大正元年（一九一二）十二月十一日～昭和五十年（一九七五）十一月三十日。徳島県小松島市出身。新世界の小料理屋で仲居をしていたとき、小円と出会う。昭和十二年（一九三七）七月にコンビ結成。栄子は小円の死後、五代目平和日佐丸とコンビを組む。その後、コンビ解消。五十三年（一九七八）十月、島ひろしとコンビを組む。弟子に、木村透・好江らがいる。

（33）畠山みどり　歌手。昭和十四年（一九三九）四月五日～。北海道出身。昭和三十七年（一九六二）に「恋は神代の昔から」でデビュー。続く「出世街道」も大ヒット。バブル景気の時代には大成功したが、バブル崩壊とともに多額の借金を背負う。「人生街道」は、「笑いすぎると涙がおちる」で始まる星野哲郎作詞、市川昭介作曲。彼女の中ヒット「ちょうど時間となりました」は彼女の持ち味を生かした名曲だ。

（34）人見明　ミュージシャン。俳優。声優。大正十一年（一九二二）十一月十六日。東京市出身。昭和二十一年（一九四六）二月に人見明とスイングボーイズを結成。クレージー映画になくてはならない名脇役。

（35）白木みのる　俳優。昭和九年（一九三四）五月六日～。中学生の頃から美声をかわれ、地元を中心に歌謡ショーに出演。その後、大阪のキャバレーに出演。二十三歳のとき、吉本興業にスカウトされ、白木みのるとなる。「スチャラカ社員」「てなもんや三度笠」などテレビ番組で人気となる。

（36）Wエース　東京漫才のコンビ。昭和四十年（一九六五）、初代Wエース結成。メンバーは望谷けんじ（後の谷エース）と九々八十一。昭和四十二年（一九六七）に、丘エースとなる青空国松とコンビ結成。この時のコンビ名は、青空七松・国松。丘エース、谷エースと改名。その後、コンビ名もWエースとなる。丘エース　昭和十八年(一九四三)〜平成十五年(二〇〇三)十一月十二日。北九州市出身。新宿で流しをやっていた。コロムビア・トップがひいきにしていた関係で弟子になる。谷エース　昭和十八年(一九四三)〜平成十六年(二〇〇四)二月二十六日。大阪府出身。東京二《あずま》の弟子。

(37)**藤山新太郎**　マジシャン。昭和二十九年(一九五四)十二月一日〜。父親は漫談家の南けんじ。松旭斎清子に師事。

(38)**米粒写経**　居島一平とサンキュータツオによる漫才コンビ。二人は早稲田大学の落語研究会で出会い、コンビを結成。平成十三年(二〇〇一)、プロとなる。

(39)**ミックス寄席**　加藤浩が東京・練馬の自宅マンションで始めた落語会の名称。加藤は今では都内のさまざまな場所で毎日のように落語会を主催している。当初は、柳家三三ら、加藤が知りあい、自身が認めた若手落語家が中心となった落語会を行った。

(40)**すっとんトリオ**　お笑い藝人トリオ・コントグループ。昭和三十年代後半〜昭和四十年代前半に活躍。関西におけるトリオの草分け。第一次は昭和三十五年(一九六〇)四月、高杉邦夫(大正十四年・一九二五年〜昭和五十年・一九七五年七月十日)、松田竹夫(昭和九年・一九三四年一月一日〜)、永井路夫(昭和九年・一九三四年〜)の三人で結成。昭和四十三年(一九六八)、邦夫と路夫が脱退して高井安夫(昭和十二年・一九三七年〜)と黒木雪夫(昭和十五年・一九四〇年〜平成二年・一九九〇年二月十一日)が参加。昭和五十二年(一九七七)、安夫が脱退して京都ぽん太が参加した。

(41)**てんぷくトリオ**　三人組のお笑いグループ。メンバーは、三波伸介(昭和五年・一九三〇年六月二十八日〜昭和五十七年・一九八二年十二月八日)、戸塚睦夫(昭和六年・一九三一年四月二十日〜昭和四十八年・一九七三年五月十二日)、伊東四朗(昭和十二年・一九三七年六月十五日〜)の三人。昭和三十六年(一九六一)、当初は、ぐうたらトリオ。三十七年(一九六二)にてんぷくトリオに改名。その名前は、当時人気だった脱線トリオをもじったものだった。四十八年に戸塚が死去、残った三波と伊東で「てんぷく集団」として活動。その後、個人の活動が中心となった。

(42)**唄子・啓助**　漫才コンビ。
京唄子　漫才師。女優。昭和二年(一九二七)七月十二日〜平成二十九年(二〇一七)四月六日。京都市生まれ。昭和二十年(一九四五)、宮城千賀子の劇団「なでしこ劇団」に入る。昭和三十一年(一九五六)に鳳啓助と出会い、漫才コンビ「唄子・啓助」を始める。
鳳啓助　漫才師。俳優。大正十二年(一九二三)三月十六日〜平成六年(一九九四)八月八日。大阪府生まれ。三歳のときに祖父の劇団で子役デビュー。唄子・啓助では、「エー、鳳啓助でございます」「ポテチン」などのギャグで人気。脚本家としても活動していた。

(43)**森川信一座**

森川信　俳優。コメディアン。明治四十五年(一九一二)二月十四日〜昭和四十七年(一九七二)三月二十六日。神奈川県横浜市生まれ。昭和六年(一九三一)、俳優に。一座を組み、日本全国を転々とする。二十八年(一九五三)、フリー。「男はつらいよ」の初代おいちゃん役が当たる。

(44)**笹山タンバ**　二代目内海突破。大正六年(一九一七)〜。初代の弟。復員後、兄に弟子入り。昭和二十五年(一九五〇)二月、浅草松竹劇場で宇和島三郎・四郎でデビュー。後に笹山タンバと改名。五十二年(一九七七)に二代目内海突破を襲名。

(45)**漫画トリオ**　トリオで正統漫才をやりたいと目指した。それまでのトリオ漫才は、楽器を用いた音曲漫才だった。昭和四十三年(一九六八)、漫画トリオ解散。

横山ノック　昭和七年(一九三二)一月三十日〜平成十九年(二〇〇七)五月三日。兵庫県神戸市生まれ。秋田Aスケ・Bスケの二代目Bスケに弟子入り。兄弟弟子のOスケ(のちの平和ラッパ・日佐丸の三代目平和日佐丸)と秋田Kスケの名で漫才コンビ「秋田Oスケ・Kスケ」を結成。昭和三十五年(一九六〇)、横山ノック、フック、パンチで漫画トリオを結成。

(46)**あひる艦隊**　コミックバンド。昭和十五年(一九四〇)に結成。戦後にメンバーが一新された。第一次は、木下華声(大正元年・一九一二年七月六日〜昭和六十一年・一九八六年五月二十五日)がリーダー。第二次は、森井良太郎(明治四十二年・一九〇九年〜昭和四十六年・一九七一年)名古屋生まれ。

(47)**プレーボーイズ**　音楽ショウ(ボーイズ)。トリオ漫才。昭和四十二年(一九六七)、バンドマンだった原たかしを中心に結成。名古屋のシネマ演芸場で初舞台。その後、グループ名もスイングハットに。さらにフロッグボンズ。のちにトリオ漫才に。メンバーの入れ替えが激しかった。

(48)**岡晴夫**　歌手。大正五年(一九一六)一月十二日〜昭和四十五年(一九七〇)五月十九日。戦前から戦後にかけて活躍。愛称はオカッパル。千葉県木更津市生まれ。昭和十三年(一九三八)キングレコードのオーディションを受け、専属となる。十四年(一九三九)、「国境の春」でデビュー。次々とヒットを飛ばしてスターとなる。「男のエレジー」は、二十五年(一九五〇)八月、映画「やくざブルース」の主題歌で、石本美由紀作詞、宗像宏作曲。

(49)**水谷風鱗**(水谷ミミ)　タレント。ディスクジョッキー。昭和二十四年(一九四九)一月二十二日〜。水谷風鱗の名で講談師としても活動。三重県生まれ。名古屋で活躍する舞台役者だったがラジオ番組でレポーターに。名古屋や関西で活躍。その後、講談師の旭堂南鱗に弟子入り。風鱗を名乗る。平成二十八年(二〇一六)四月から旭堂風鱗。

(50)**田辺茂一**　紀伊國屋書店創業者。明治三十八年(一九〇五)二月十二日〜昭和五十六年(一九八一)十二月十一日。東京府生まれ。昭和二年(一九二七)一月、新宿紀伊國屋書店創業。

(51)**加茂川ちどり・かもめ**　女性漫才師。河内家目玉の娘。昭和十五年(一九四〇)、長女みどりと次女ちどりでコンビを結成。みどりがなくなり、一九五七年、次女と三女で戦後、加茂川かもめ・ちどりを結成。かもめがギター、ちどりがアコーデオンを持った音曲漫才。

加茂川ちどり　昭和四年(一九二九)〜平成十九年(二〇〇七)三月二十五日。

加茂川かもめ　昭和七年(一九三二)〜。

(52)**三番叟**《さんばそう》　前座、開口一番ともいう。歌舞伎では幕開きに行う祝儀の舞。式三番(能の翁)で、翁の舞いに続いて舞う役、あるいはその舞事。

(53)**宮アオバ・シゲル**　戦後に活躍した夫婦漫才コンビ。舞台は、アオバの初代京山幸枝の「アンガラ節」の節まねやシゲオの芝居ネタが人気だった。

宮アオバ　大正八年(一九一九)〜没年不詳。十二歳で初舞台。浪曲師として修行。着物姿で美人で有名だった。

宮シゲオ　明治四十三年(一九一〇)〜没年不詳。洋服姿。立ち位置は向かって左。

(54)**ジョウサンズ**　女性浪曲漫才トリオ。昭和三十七年(一九六二)三月に結成。五十年(一九七五)に解散。トリオ名の由来は三人の娘という意味。メンバーは、日吉川秋水嬢、昭和七年(一九三二)六月二十四日〜。大阪市生まれ。日吉川喜久子、昭和五年(一九三〇)年五月十二日〜平成八年(一九九六)四月三日。三味線担当。日吉川スミ子、昭和二十四年(一九四九)〜。エレキギター担当。

(55)**本田恵一・玉木貞子**　昭和期に活躍した夫婦漫才。安来節などの歌を得意として、恵一は薬缶や茶筒を鼓にみたてて、合奏した。

本田恵一　明治四十三年(一九一〇)〜没年不詳。愛媛県生まれ。

玉木貞子　大正二年(一九一三)〜没年不詳。

(56)**小松まこと**　藝人。大正八年(一九一九)三月二十三日〜。後ろ面踊りを得意とした。大阪府生まれ。大正十五年(一九二五)に女道楽で初舞台。竹の家正雀を名乗る。後に山崎朝子と漫才コンビ「小松まこと・あけみ」と改名。後ろ面踊りは、女形の衣装をてれこに身にまとい、面を後ろでかぶり、囃子に合わせて、正座をしながら、上半身で扇子を使い、踊る藝。見よう見まねで覚えたという。

(57)**浮世亭出羽助・八丈竹幸**　漫才コンビ。大正の末にコンビを結成。洋服にバイオリンを持って、奏でる唄と踊りで「何でもこなせる立体漫才」として話題になった。

浮世亭出羽助　明治三十四年(一九〇一)～昭和五十五年(一九八〇)三月二十四日。和歌山県生まれ。浮世亭夢丸門下。

八丈竹幸　明治三十七年(一九〇四)～昭和四十四年(一九六九)。広島県生まれ。

(58)**はな寛太・いま寛大**　漫才コンビ。松竹新喜劇役者出身コンビ。昭和四十三年(一九六八)にコンビ結成。浅草の木馬館でデビュー。藤山寛美が名付け親。五十二年(一九七七)にコンビ解消。洒落をいって、客の反応をみて、「何の反応もないやないか、そやからこの洒落いうの厭やったんや」の言葉で爆笑をとった。

はな寛太　昭和二十年(一九四五)八月三十日～平成十九年(二〇〇七)五月十五日。兵庫県加西市生まれ。師匠は松竹新喜劇時代は藤山寛美。ツッコミ。漫才時代は夢路いとし・喜味こいし。

いま寛大　昭和二十二年(一九四七)十一月十三日～。大阪市生まれ。師匠は松竹新喜劇時代は曾我廼家十吾。漫才時代は夢路いとし・喜味こいし。

(59)**佐賀家喜昇・旭芳子**　夫婦漫才コンビ。芳子が椅子に腰かけ三味線を演奏。喜昇が立って新磯節や八木節の民謡を唄う。

佐賀家喜昇　明治三十年(一八九七)～。大阪市生まれ。十七歳で三遊亭圓流の門下で圓幸。俄《にわか》をやる。漫才に転向して、佐賀家圓助門下で佐賀家喜昇となる。その後、砂川芳子と組み、さらに二代目浅田家(のちの旭)芳子とのコンビを経て、三代目旭芳子とコンビを組む。

旭芳子　生没年不詳。

(60)**華井秀子**　松鶴家団助の妻。松鶴家千代八門下の華井八千代・秀子のコンビだった。

(61)**立花幸福・林美津江**　夫婦漫才コンビ。戦前は、幸福は立花幸福・一生の兄弟漫才として活動していた。

立花幸福　明治三十六年(一九〇三)～没年不詳。

林美津江　明治四十一年(一九〇八)～没年不詳。奇術出身。

(62)**もろ多玉枝・広多成三郎**　漫才コンビ。戦前・戦後にかけて活躍。馬漫才と称する漫才が有名で、すべてのボケ、ツッコミ、ギャグ、落ちまですべてが馬の話という漫才。玉枝の顔が面長だったことから馬漫才を思いついた。もろ多玉枝没後は妻の小唄志津子(広多シズエの名)とコンビを組み、馬漫才ではなく牛漫才を行った。

もろ多玉枝　昭和四十年(一九六五)没。

広多成三郎　明治三十四年(一九〇一)～昭和四十九年(一九七四)。

(63)**勝浦きよし・さよこ**　音曲漫才。当初は、勝浦きよし・小夜子の夫婦漫才でスタート。その後、娘を加えて三人でファミリートリオとして活動した。三人では、長唄、三味線、ギター、舞踊を用いた歌謡音曲漫才を行う。勝浦きよし　昭和六年(一九三一)三月二十七日～平成十七年(二〇〇五)。山口県生まれ。勝浦さよこ　昭和三年(一九二八)七月二十九日～。当初は小夜子だったが昭和五十三年(一九七八)にさよこに改名。

(64)**荒川光子**　道頓堀角座のお囃子。昭和初期に活躍した音曲漫才師。弟子に小松まこと、あけみ、玉木貞子がいる。

(65)**吉田茂・東みつ子**　漫才コンビ。大正末から昭和期にかけて活躍。直木賞作品「てんのじ村」のモデル。「かぼちゃ」という藝で、童謡「靴が鳴る」の曲にのって、国民服の帽子をかぶって、古びた丈の短い着物や袴を着て、膝歩きで舞台の上手からあらわれ、徐々に立ち上がる珍藝を売りにした。吉田茂　明治三十二年(一八九九)～昭和六十年(一九八五)十二月二十六日。鳥取県米子市生まれ。安来節の名手として人気者だった。東みつ子　大正十五年(一九二六)～。広島県呉市生まれ。漫才の荒川千成門下。

(66)**二代目砂川捨丸**　漫才師。明治三十三年(一九〇〇)～没年不詳。大正・昭和期に活躍。砂川捨丸に弟子入りして二代目砂川菊丸。昭和に入り、妻となる照子と組む。照子はのちに照代と改名。戦後、二代目捨丸を襲名。

(67)**平和ラッパ**(二代目)　漫才師。明治四十二年(一九〇九)八月十日～昭和五十年(一九七五)五月二日。大阪府堺市生まれ。昭和二年(一九二七)、初代浅田家日佐丸に入門。藤山寛美、大村崑とならんで関西の三大アホとして人気者。

(68)**てんのじ村**　てんのじ村は天王寺村の通称。大阪市西成区山王一丁目。道頓堀、千日前、新世界などの演藝街に近かったことから、戦前・戦後に四百人ほどの藝人が住んでいた。

(69)**立体漫才**　浮世亭出羽助・八丈竹幸のコンビは、戦中の漫才は、和装に鼓・三味線が当たり前の時代に、洋装にバイオリンを持って、唄と踊りで「何でもこなせる立体漫才」として話題になり、人気だった。

(70)**都家文雄**　漫才師。明治二十六年(一八九三)三月一日～昭和四十六年(一九七一)五月四日。ぼやき漫才の創始者。漫才コンビの都家文雄・静代、都家文雄・荒川歌江で知られる。滋賀県生まれ。落語家を志し、桂三路門下で桂歌路を名乗る。大正十年(一九二一)に都家文雄に改名して漫才師に転身。文雄・静代は文化漫才と称した。文雄の毒舌がうけ、その語り口からぼやき漫才と呼ばれた。弟子に人生幸朗・生恵幸子らがいる。

(71)**人生幸朗・生恵幸子**　夫婦漫才。

人生幸朗　明治四十年(一九〇七)十一月二日〜昭和五十七年(一九八二)三月四日。大阪府生まれ。二十四歳のとき、漫才師の荒川芳丸に入門。荒川芳蔵を名乗る。同門に夢路いとし・喜味こいしがいた。昭和十五年(一九四〇)に吉本興業に入社。二十二年(一九四七)に人生航路に改名、三十年(一九五五)に人生幸朗に改名。享年七十四。

(72)**松葉家奴・松葉家喜久奴**　戦前から戦後にかけて活躍した漫才コンビ。端唄「夕暮れ」に合わせ、魚つりをパントマイムで演じる十八番「魚つり」は有名。

松葉家奴　明治二十九年(一八九六)〜昭和四十五年(一九七〇)四月二十四日。京都市生まれ。軽口、踊り、新派などのあらゆる藝を経て漫才に。

松葉家喜久奴　明治三十八年(一九〇五)〜昭和六十二年(一九八七)五月二十六日。東京・深川生まれ。女道楽を経て、二代目喜久奴としてコンビを組む。

(73)**櫻川末子・松鶴家千代八**　昭和期に活躍した音曲漫才コンビ。恰幅の良い末子が男勝りの気っ風と節回しで聞かせる江州音頭とやせた千代八が甲高い声で、細棹を弾き、語る座敷唄などが人気だった。十八番に野球の数え歌があった。

櫻川末子　明治三十四年(一九〇一)〜昭和六十二年(一九八七)。少女音頭取りとして人気を博していた。大正九年(一九二〇)頃に、櫻川仙丸から櫻川仙末《せんまめ》女を貰い、一本立ち。十二年(一九二三)に櫻川花子と日本初の女性コンビ末子・花子で売り出される。

松鶴家千代八　明治四十一年(一九〇八)〜?。昭和二年(一九二七)頃から夫婦漫才コンビ、松鶴家千代八・八千代で人気になった。

(74)**春日チエミ・章**　東京漫才で昭和二十年代に活躍。昭和三十年代〜四十年代に活躍した東京の数少ない歌謡漫才。同じ姓を名乗る春日三球・照代とは遠縁にあたるとは本人の弁。

(75)**宝大判・小判**　兵隊漫才。

(76)**ドンキーブラザーズ**　ギタージョーク。ギタージョークの歌謡漫才。別名、浅草野郎。親子漫才である。

(77)**小島宏之**　ギター漫才。

小島宏之とダイナブラザーズ。ボーイズグループ。昭和三十六年(一九六一)に結成。

小島宏之　大正十二年(一九二三)五月〜。東京都港区生まれ。ギター漫談で初舞台。昭和二十一年(一九四六)に大空ヒット率いる「混線四重奏」に加入。解散後、川田晴久に弟子入り。三十四年(一九五九)に小島宏之とダイナブラザーズを結成。二年二カ月で解散。三十六年(一九六一)に再結成。

(78)**染千代・染団子**　香川染団子・染千代。漫才。浅草演芸場などで活躍した東京の女性漫才。

(79)**市川福治・かな江**　昭和期に活躍した夫婦漫才。福治のひとり舞台で、かな江は三味線を弾いた。
市川福治　明治三十七年(一九〇四)～昭和五十一年(一九七六)。広島県生まれ。十七歳で女形で初舞台。漫才転向後はいろいろな人と組み、昭和三十七年(一九六二)に妻を相方とした。
市川かな江　大正十一年(一九二二)～?

(80)**市川泰子・歌志**　昭和期に活躍した夫婦漫才。歌志がギターを持ち、民謡、歌謡曲を、大柄の泰子が合間にボンゴを叩く。
市川泰子　大正九年(一九二〇)一月二日。岡山市生まれ。昭和十年(一九三五)に市川福治の門下となる。
市川歌志　明治四十三年(一九一〇)二月二十一日～?　熊本県生まれ。初代天中軒雲月に入門するも、すぐに断念。昭和十一年(一九三六)に市川福治の門下となる。

(81)**島田洋之助・今喜多代**　夫婦漫才コンビ。夫婦であることを前提にした漫才の先駆けだった。弟子に、今いくよ・くるよ、島田洋七、島田紳助らがいる。
島田洋之助　大正四年(一九一五)七月五日～昭和六十年(一九八五)七月二十日。兵庫県生まれ。父親は興行師兼藝人だった。昭和三十二年(一九五七)、妻と島田洋介・今喜多代を結成。四十九年(一九七四)、島田洋之助と改名。大柄でおっとりとした藝風。
今喜多代　大正十五年(一九二六)年一月十六日～平成二十三年(二〇一一)。茨城県水戸市生まれ。東京の漫才師、巴家寅子に弟子入り。

(82)**花菱〆吉・花柳貞奴**　昭和期に活躍した女流漫才コンビ。当時では珍しい女同士のしゃべくり漫才。花菱〆吉は九十キロを超える巨体で、花柳貞奴は細身の体だった。
花菱〆吉　大阪府生まれ。玉子家源丸の門下で最初は玉子家源女を名乗った。
花柳貞奴　明治四十二年(一九〇九)～?　鳥取県生まれ。

(83)**五條家菊二・松枝**　昭和期に活躍した音曲漫才コンビ。高座では女道楽や女義太夫の流れをくむ。義太夫漫才。
五條家菊二　明治三十五年(一九〇二)～昭和五十八年(一九八三)二月七日。京都市生まれ。
五條家松枝　明治四十二年(一九〇九)～平成二年(一九九〇)二月三日。神戸市生まれ。菊二の妻。義太夫出身。

(84)**桜山梅夫・桜津多子**　大正・昭和期に活躍した漫才師。
桜山梅夫　明治四十二年(一九〇九)～?　大正十五年(一九二六)、名古屋宝座で漫才に転向。

桜津多子　明治四十三年（一九一〇）〜？　細目のつたちゃんの愛称で親しまれた。

(85)三枡静代　安来節。

(86)横山エンタツ・アチャコ　大正・昭和期の漫才師。俳優。エンタツ・アチャコが漫才コンビを組んでいたのは、昭和五年（一九三〇）〜九年（一九三四）までの短い間だけ。映画は、最初の「あきれた連中」が大ヒット。「これは失礼」「心臓が強い」「俺は誰だ」などの映画に出演。漫才で有名なのは、「早慶戦」。

横山エンタツ　明治二十九年（一八九六）四月二十二日〜昭和四十六年（一九七一）三月二十一日。兵庫県三田市生まれ。子供のころから職を転々とする。大正八年（一九一九）、花菱アチャコと一座を組み、幕間にしゃべくり漫才を行うが不評。十一年（一九二二）、本格的に漫才を始める。中村種春とコンビを組んで活躍。昭和三年（一九二八）頃から、横山エンタツを名乗る。五年（一九三〇）に、花菱アチャコとコンビを組む。漫才師として初めて背広姿で舞台にあがる。「早慶戦」などのしゃべくり漫才で人気となる。

花菱アチャコ　明治三十年（一八九七）七月十日〜昭和四十九年（一九七四）七月二十五日、福井県勝山市生まれ。新派の一座に入っていたがその後、漫才に転向。大正十四年（一九二五）、浮世亭夢丸、千歳家今男とコンビを組む。昭和五年（一九三〇）、横山エンタツとコンビを組む。しゃべくり漫才で大人気。

(87)三遊亭圓生（六代目）　落語家。明治三十三年（一九〇〇）九月三日〜昭和五十四年（一九七九）九月三日。大阪府生まれ。昭和を代表する落語家。明治三十八年（一九〇五）、子供義太夫として初舞台。四十二年（一九〇九）、落語家に転向。四代目橘家圓蔵に弟子入りして二ツ目としてデビュー。高座名は橘家圓童。昭和十六年（一九四一）五月、六代目三遊亭圓生を襲名。

(88)柳家三亀松　都々逸。三味線漫談家。粋談。明治三十四年（一九〇一）九月一日〜昭和四十三年（一九六八）一月二十日。東京市生まれ。大正十四年（一九二五）に初代柳家三語楼の門下となり、柳家三亀松を名乗る。柳家金語楼と並ぶ、東京吉本の大看板となる。二代目三亀松は初代の弟子。

(89)杉浦エノスケ　大阪ニワカ師。明治二十八年（一八九五）〜？　大正期から昭和にかけて活躍した漫才師。

(90)加東大介　俳優。明治四十四年（一九一一）二月十八日〜昭和五十年（一九七五）七月三十一日。東京市生まれ。代表作に「七人の侍」「大番」「南の島に雪が降る」などがある。

(91)千歳家今男　明治から昭和にかけて活躍した漫才師。弟子に千歳家今次・今若などがいる。

(92)千歳家今次・今若　昭和期に活躍した兄弟漫才師。しゃべくり漫才。

千歳家今次　明治四十年（一九〇七）～昭和四十五年（一九七〇）四月十一日。奈良県生まれ。千歳家今男の門下。

千歳家今若　明治四十三年（一九一〇）～没年不詳。奈良県生まれ。千歳家今男の門下。

(93)**暁《あかつき》伸・ミスハワイ**　夫婦浪曲漫才コンビ。浪曲と漫才をミックスさせた浪曲リズムと称した。

暁伸　大正四年（一九一五）十二月一日～平成二十三年（二〇一一）十二月二十六日。福岡県八女市生まれ。初めは浪曲志望で京山為吉に師事。昭和二十六年（一九五一）、ハワイで見たフラにヒントを得て、暁伸・ミスハワイと改名。

ミスハワイ　大正十五年（一九二六）四月三十日～平成十年（一九九八）十二月十三日。大阪府生まれ。ミスハワイははじめは歌手志望。旅回りの軽音楽団で暁伸と知りあう。最初は南あきこの名で漫才デビュー。のちにミスハワイと改名。

(94)**宮川左近ショー**　昭和期に活躍した浪曲漫才トリオ。

宮川左近（四代目）　リーダー。大正十四年（一九二五）一月二十日～昭和六十一年（一九八六）九月二十一日。北海道函館市生まれ。昭和十三年（一九三八）三代目、宮川左近に入門。二代目左近丸を名乗る。二十五年（一九五〇）に四代目宮川左近を襲名。

暁照夫　三味線担当。昭和十二年（一九三七）五月十七日～平成二十七年（二〇一五）五月二十九日。

松島一夫　ギター担当。昭和四年（一九二九）十二月二十五日～平成二十五年（二〇一三）四月二日。

高島和夫　アコーデオン担当。明治四十年（一九〇七）～？

(95)**ボクジロー・キミマチコ**　エノケンの直弟子というのがウリ。

(96)**太田英夫**　浪曲。昭和十七年（一九四二）十一月十五日～。二代目東家浦太郎。千葉県生まれ。昭和三十年（一九五五）、東家楽浦に入門。浦清を名乗る。四十五年（一九七〇）八月、太田英夫と改名。

(97)**翁家喜楽**　太神楽曲芸。昭和十一年（一九三六）四月五日～。二代目翁家和楽に師事。昭和二十年（一九四五）、キャンディーボーイズに参加。平成四年（一九九二）九月、娘・喜乃とコンビを組む。十四年（二〇〇二）九月、翁家小和とコンビを組む。

(98)**白山雅一**　声帯模写。大正十三年（一九二四）二月二十九日～平成二十三年（二〇一一）九月。大阪府生まれ。昭和十七年（一九四二）九月、三亀松に弟子入り、内弟子となる。同年十一月、柳家亀松で初舞台。二十四年（一九四九）、白山雅一と改名。民放ラジオにひっぱりだことなる。

(99)**春木センバ**　神奈川県生まれ。日本司会芸能協会相談役だった。

(100)**五條家菊二・松枝**　音曲漫才コンビ。昭和期に活躍。高座では女道楽や女義太夫の流れをくむ義太夫漫才を披露。松枝の太棹三味線で菊二が都々逸や新内で美声を聞かせ、最後は松枝が義太夫を語った。
五條家菊二　明治三十五年(一九〇二)～昭和五十八年(一九八三)二月七日。京都市生まれ。幼い頃から藝事が好きだった。
五條家松枝　明治四十二年(一九〇九)～平成二年(一九九〇)二月三日。神戸市生まれ。女義太夫出身。
(101)京はる子　漫談家。
(102)若葉トリオ　河内音頭。浪曲。歌謡曲。昭和三十七年(一九六二)十月に、漫才なんでもありのショウとしてトリオを結成。メンバーが入れ替わって一九八〇年代中期まで活躍した。
若葉みゆき　昭和十年(一九三五)～
若葉しげみ　昭和十年(一九三五)～
若葉わたる　昭和十四年(一九三九)～
(103)ワンダー天勝　奇術師。
(104)香島ラッキー・御園セブン　漫才コンビ。コンビ結成以来、吉本興業の東京吉本の若手として売り出される。戦時中は敵性語の使用禁止で「香島楽貴・矢代世文」を名乗らされる。
香島ラッキー　明治四十四年(一九一一)～没年不詳。
御園セブン　生没年不詳。
(105)ラッキー島津　戦争で指を失い、椅子を使った曲藝の藝人。
(106)ルーキー清二　藝人。コメディアン。漫才師。昭和五年(一九三〇)～没年不詳。大阪府生まれ。昭和三十二年(一九五七)、浮世亭夢若の門下になり、漫才コンビ「梅乃松夫・武夫」としてデビュー。その後、ルーキー新一・清二と改名。
(107)ゼンジー北京　タレント。手品師。昭和十五年(一九四〇)一月三日～。広島県生まれ。ゼンジー中村に弟子入り。怪しげな語り口で人気。
(108)ゼンジー中村　手品師。昭和四年(一九二九)～昭和五十三年(一九七八)七月二十一日。和歌山県生まれ。石田天海、二代目松旭斎天勝に師事。大ネタを得意とした。
(109)中田ダイマル・ラケット　漫才コンビ。爆笑王の異名をとる。愛称はダイラケ。昭和二十二年(一九四七)、朝日放送の専属タレントとなる。「スチャラカ社員」「すかたん社員」などの番組に出演して一世を風靡。
中田ダイマル　大正二年(一九一三)十二月十四日～昭和五十七年(一九八二)九月五日、兵庫県生まれ。昭和五年(一九三〇)、漫才の世界に入り、兄と中田松王・梅王というコンビを結成。後に中田デパート・ダイマルと改名。兄の死で、十六年（一九四一）、弟とコンビを組み、中田ダイマル・ラケットを結成。中田ラケット　大正九年（一九二〇）三月三日〜平成九年（一九九七）二月五日。兵庫県生まれ。漫才集団「ＭＺ研進会」から最初に売れた。秋田というのは秋田實門下だったから。

（110）**秋田Ａスケ・Ｂスケ**　漫才コンビ。昭和二十年代〜三十年代にかけ爆発的に売れた。秋田Ａスケ　大正十一年（一九二二）三月十五日〜平成十七年（二〇一五）八月二十四日。徳島県生まれ。最初は徳山英介を名乗っていたが、その後、秋田英介から秋田英助を経てＡ助となる。秋田Ｂスケ（二代目）　昭和元年（一九二六）一月四日〜平成二十八年（二〇一六）二月二十二日。兵庫県生まれ。Ａスケに認められて漫才の道へ。顔が猿に似ていたことから「エテ公のＢちゃん」と親しまれた。

【第二章】

（1）**大空みつる・ひろし**　師匠は大空ヒット・三空ますみ。

（2）**桂好太郎（桂圓枝）**（三代目）　落語家。昭和六年（一九三一）十二月二十一日〜平成二十三年（二〇一一）二月十六日。香川県生まれ。高校卒業後、高松地方検察庁観音寺支部に一年勤務。そのとき、たまたま三遊亭圓生の「子はかすがい」を見て、昭和二十七年（一九五二）五月、三代目桂三木助に入門。桂三多蔵で初高座。二十九年（一九五四）九月、二代目桂枝太郎一門に移り、桂三松。三十年（一九五五）四月、二ツ目昇進、桂好太郎。四十四年（一九六九）四月、真打ち昇進。三代目圓枝を襲名。主に新作落語を演じた。

（3）**山崎正路・雪路**　花岡百合子を入れて三人で浪漫トリオと称して舞台に上がった。後にトリオを解消して、正路・雪路の二人でやった。一九九〇年代前半まで活躍。

（4）**春風亭柳昇**（五代目）　落語家。大正九年（一九二〇）十月十八日〜平成十五年（二〇〇三）六月十六日。東京府生まれ。ペンネーム・林鳴平。師匠は六代目春風亭柳橋。戦友に柳橋の息子がいたことから入門。代表作に「カラオケ病院」や「結婚式風景」がある。高座の冒頭で「わたくしは春風亭柳昇と申しまして、大きなことをいうようですが今や春風亭柳昇といえば、わが国では……わたしひとりでございます」という言葉で笑いをとった。

（5）**灘康次とモダンカンカン**　ボーイズグループ。昭和三十三年（一九五八）に結成。灘康次　リーダー。リードギター・ボーカル。昭和四年（一九二九）三月〜。東京都生まれ。昭和二十四年（一九四七）頃、あきれたぼういずの川田晴久（川田義雄）の弟子になり、「川田義雄とダイナ・ブラザース」のメンバーとなる。

(6)青空千夜・一夜　漫才コンビ。昭和二十九年(一九五四)、コロムビア・トップ・ライト門下の歌謡ショー司会者同士で結成。三十四年(一九五九)、第七回NHK漫才コンクール優勝。四十六年(一九七一)に漫才界初の真打ち昇進。
青空千夜　昭和五年(一九三〇)六月二十八日〜平成三年(一九九一)六月二十日。福岡県北九州市生まれ。
青空一夜　昭和七年(一九三二)九月十七日〜平成八年(一九九六)四月二十三日。長野県生まれ。自衛隊中央音楽隊出身。
(7)獅子てんや・瀬戸わんや　漫才コンビ。内海突破の兄弟弟子同士で、昭和二十七年(一九五二)にコンビ結成。藝名は、獅子文六の小説『てんやわんや』から。二十八年(一九五三)の第一回NHK新人漫才コンクール優勝。コンビ仲は悪く、地方公演の移動では別行動をとった。
獅子てんや　大正十三年(一九二四)六月二十五日〜。東京府生まれ。警視庁に採用。
瀬戸わんや　大正十五年(一九二六)三月十日〜平成五年(一九九三)二月十日。大阪府南区(現・中央区)生まれ。
(8)内海桂子・好江　漫才コンビ。昭和二十五年(一九五〇)、好江が十四歳のときに内海桂子とコンビを結成。昭和三十三年(一九五八)、NHK新人漫才コンクール優勝。
内海好江　昭和十一年(一九三六)二月二十三日〜平成九年(一九九七)十月六日。東京市浅草区(現・台東区)生まれ。
内海桂子　大正十一年(一九二二)九月十二日〜。千葉県銚子市生まれ。
(9)リーガル天才・秀才　漫才コンビ。昭和中期〜平成初期に活躍。昭和二十七年(一九五二)、曾我天才・板東秀才でコンビ結成。三十一年(一九五六)、リーガル千太・万吉からリーガルの屋号を許される。
リーガル天才　大正十三年(一九二四)二月二十六日〜平成十六年(二〇〇四)十二月二十二日。神奈川県生まれ。浅草軽演劇出身。
リーガル秀才　大正十五年(一九二六)十月二十九日〜平成二十年(二〇〇八)十月十日。東京都生まれ。
(10)晴乃ピーチク・パーチク　漫才コンビ。昭和期に活躍。昭和三十四年(一九五九)第六回NHK新人漫才コンクール優勝。
晴乃ピーチク　大正十四年(一九二五)九月二十八日〜平成十九年(二〇〇七)十月二十三日。栃木県生まれ。
晴乃パーチク　大正十五年(一九二六)〜平成十二年(二〇〇〇)九月八日。
(11)青空はるお・あきお　漫才コンビ。
青空はるお　元漫才師。俳優。レポーター。昭和十二年(一九三七)十一月五日〜。会社員をやっていたが漫才師を目指して昭和三十四年(一九五九)にコロムビア・トップ・ライトに師事。同門の青空あきお(現・横山あきお)と青空はるお・あきおを結成。四十六年(一九七一)にコンビを解消。

横山あきお　昭和五年（一九三〇）九月二十六日～平成二十六年（二〇一四）六月二十日。富山市生まれ。上京して映画監督を目指していたがコロムビア・トップ・ライトに師事。最初は、リーガル天才門下の、のちのケーシー高峰と大空はるか・かなたのコンビを組んだ。次に、青空はるおと青空はるお・あきおを結成。NHK漫才コンクールで優勝するなど、実力を認められる。その後、コンビ解散後は脇役として活躍。享年八十三。

(12)木田鶴夫・亀夫　漫才コンビ。一九六〇年代に活躍。並木鶴夫・宮田洋容門下。昭和三十二年（一九五七）、第二回NHK新人演芸大賞優勝。

木田鶴夫　生年不詳～平成八年（一九九六）。背が高かった。

木田亀夫　背が低かった。父は曾我廼家蝶平。

(13)コロムビア・トップ・ライト　漫才コンビ。戦時中、加藤隼戦闘隊員で、復員後に抑留先で知りあった池田喜作（青空ライト）と仲間の慰問も兼ねて、漫才コンビを結成。戦後、青空トップ・ライトを名乗る。昭和二十五年（一九五〇）、池田の死で、声帯模写の漫談家である鳥屋二郎を二代目ライトに迎え、再結成。四十九年（一九七四）、トップの参院選当選で、コンビは解散。その後はそれぞれ漫談家として活動。

(14)黒田幸子一座　大正五年（一九一六）九月九日～平成九年（一九九七）一月十三日。鳥取県米子市生まれ。日本コロムビアからレコードを出して、安来節で人気を集め、安来節の女王となり、一座を旗揚げした。

(15)宮田羊容・布地由起江　昭和期に活躍した音曲漫才コンビ。アコーデオンを持ったミュージカル漫才を考案。戦中・戦後と東京漫才で活躍。

宮田羊容　大正四年（一九一五）二月十六日～昭和五十八年（一九八三）七月十一日。熊本県生まれ。ミスワカナの一座を経て、昭和十三年（一九三八）から吉本興業専属。戦後、布地由起江と組む。映画の出演クレジットが「宮田羊容」の作品も。

布地由起江　昭和七年（一九三二）五月六日～没年不詳。コンビを組む前は、歌手、女優として活躍。

(16)桂枝太郎（二代目）　落語家。明治二十八年（一八九五）五月七日～昭和五十三年（一九七八）三月六日。東京都生まれ。大正六年（一九一七）十二月、三代目古今亭今輔に入門。半年で廃業。その後、十三年（一九二四）、橘家花圓蔵のひきで、復帰して、六代目雷門助六門下で雷好。昭和十八年（一九四三）四月に真打ち昇進。二代目桂枝太郎を襲名。新作落語を得意とした。

(17)三笑亭可楽（九代目）　落語家。昭和十一年（一九三六）七月二十一日～。茨城県鹿嶋市生まれ。昭和三十年（一九五五）三月、先代（八代目）可楽に入門。可津男。三十三年（一九五八）九月、二ツ目昇進、可勇。四十四年（一九六九）十月、初代浮世亭

写楽で真打ち昇進。平成四年(一九九二)十月、九代目可楽を襲名。

(18)**三音英次**　正調河内音頭。歌手、藝人。昭和十四年(一九三九)～昭和十五年(二〇〇三)。大分県生まれ。昭和三十七年(一九六二)十二月、新世界新花月に藝人として初舞台。四十二年(一九六七)に吹き込んだ「釜ケ崎人情」が大ヒット。その後、廃業。

(19)**一輪亭花蝶・松原勝美**　昭和期に活躍した漫才師。漫才に、軽口、仁輪加、落語のネタを取り入れた。
一輪亭花蝶　明治二十九年(一八九六)～昭和四十二年(一九六七)。当初は落語の修行をしたが良い出番が貰えなかったことから、落語から仁輪加《にわか》の門下に。兄である三遊亭川柳とコンビを組んでいたが、兄が戦死したことから勝美と組む。
松原勝美　最初は落語家で桂枝香。漫才にかわり荒川千坊。その後、松原勝美を名乗る。

(20)**古今亭今輔**(五代目)　落語家。明治三十一年(一八九八)六月十二日～昭和五十一年(一九七六)十二月十日。群馬県生まれ。「お婆さん落語」で売り出し、「お婆さんの今輔」と呼ばれた。大正三年(一九一四)五月、三遊亭圓右に入門。初代三遊亭右京を名乗る。十二年(一九二三)三月、真打ち昇進。昭和十六年(一九四一)四月、五代目古今亭今輔を襲名。四十五年(一九七〇)一月、閉場する寄席人形町末廣で最後の主任をつとめた。

(21)**笑福亭松之助**(二代目)　落語家。大正十四年(一九二五)八月六日～。神戸市生まれ。五代目笑福亭松鶴に弟子入り。入門わずか十二日後に初高座。本名で「寄合酒」を演じる。その後、五代目の死去で喜劇役者に。弟子に明石家さんまがいる。

(22)**桂米紫**(三代目)　落語家。昭和二年(一九二七)年六月二十六日～平成七年(一九九五)六月十五日。三代目桂米朝の一番弟子。京都市生まれ。昭和二十二年(一九四七)、漫才の松鶴家団之助に入門、藤野団楽を名乗る。二十八年(一九五三)、腹話術に転身、斎田憲志の名で活動。三十三年(一九五八)、三代目桂米朝に入門、桂けんじ。三十四年(一九五九)、三代目米紫に改名。

(23)**小春団治**(露の五郎)　落語家。昭和七年(一九三二)三月五日～平成二十一年(二〇〇九)三月三十日。京都市生まれ。祖父母の関係で子役俳優となる。昭和二十二年(一九四七)十一月、二代目桂春団治のすすめで入門、桂春坊を名乗る。三十五年(一九六〇)十月、二代目桂小春団治を襲名。四十三年(一九六八)四月、二代目露乃五郎を襲名。六十二年(一九八七)、露の五郎に改める。平成十七年(二〇〇五)十月、二代目露の五郎兵衛を襲名。上方落語協会会長をつとめる。

(24)**我太呂**　桂文我(三代目)　落語家。昭和八年(一九三三)七月五日～平成四年(一九九二)八月十六日。大阪市生まれ。昭和二十七年(一九五二)三月、二代目桂春団治に入門、桂蛾太呂。その後、桂蛾蝶。三十三年(一九五八)、桂我太呂。四十三年(一九六八)、三代目桂文我。

(25)桂小米　桂枝雀(二代目)　落語家。昭和十四年(一九三九)八月十三日～平成十一年(一九九九)四月十九日。神戸市生まれ。三代目桂米朝に弟子入り、十代目桂小米。その後、昭和四十八年(一九七三)十月、二代目桂枝雀を襲名。

(26)朝丸　桂ざこば(二代目)　落語家。昭和二十二年(一九四七)九月二十一日～。大阪市西成区生まれ。昭和三十八年(一九六三)五月、桂米朝に入門。朝丸を名乗る。六十三年(一九八八)、二代目桂ざこばを襲名。

(27)吾妻ひな子　漫才師、漫談家。大正十三年(一九二四)八月二十一日～昭和五十五年(一九八〇)三月八日。鳥取市生まれ。父親である浅田家朝日門下で朝日・小日奈を名乗って十七歳で親子漫才で初舞台。一時期、室町京子を名乗って歌手活動。その後、吾妻ひな子と改名して、昭和三十九年(一九六四)頃から三味線を手に一人高座に転向。世相を風刺した話藝で人気に。

(28)笑福亭松鶴(六代目)　落語家。大正七年(一九一八)八月十七日～昭和六十一年(一九八六)九月五日。父親は落語家五代目笑福亭松鶴。大阪市西区生まれ。昭和十六年(一九四七)、父に入門。笑福亭松之助となる。二十三年(一九四八)一月一日、四代目笑福亭光鶴と改名。二十八年(一九五三)、四代目笑福亭枝鶴を襲名。三十七年(一九六二)三月、六代目松鶴を襲名。

(29)桂文生(三代目)　昭和十四年(一九三九)八月二十三日～。落語家。宮城県石巻市生まれ。昭和三十七年(一九六二)、二代目桂枝太郎に入門。前座名は枝平。四十一年(一九六六)、二ツ目に昇進、欣治。四十九年(一九七四)、真打ち昇進、三代目文生。

(30)青空うれし・たのし　漫才師。昭和三十五年(一九六〇)六月、漫才コンビを結成。
青空うれし　司会者。漫談家。昭和十年(一九三五)一月五日～。東京都中央区生まれ。昭和三十三年(一九五八)、コロムビア・トップ・ライトに入門。三十五年(一九六〇)六月、漫才コンビ「青空うれし・たのし」を結成。
青空たのし　昭和六年(一九三一)十月三十日～。東京都台東区生まれ。昭和三十年(一九五五)から岡晴夫歌謡ショー専属司会者を経て、三十三年(一九五八)、中野四郎と立体司会コンビを組み、松山恵子歌謡ショー専属として巡業。

(31)松旭斎滉洋　奇術師。スマートな藝は定評があった。

(32)流行亭歌麿・やちよ　夫婦の音曲漫才コンビ。
流行亭歌麿　明治四十四年(一九一一)一月二十二日～一九八〇年代。大阪市生まれ。十二歳で林家染三に入門。大正十三年(一九二四)四月、桂春団治門下で若春の名で初高座。昭和十三年(一九三八)に漫才に転じて、五條家菊二と戦時中は足立てる子と組んだ。二十三年(一九四八)に流行亭歌麿と改名。
流行亭やちよ　明治四十一年(一九〇八)～一九八〇年代。昭和八年(一九三三)に永田綾子の名で女道楽で初舞台。

(33)**永田キング**　コメディアン。喜劇俳優。漫才師。生没年不詳。マルクス兄弟のグルーチョ・マルクスの変装、メイク、動きで評判となり、「和製マルクス」を自称。

(34)**滝の家鯉香**　三味線漫談家。横浜出身。滝の家お鯉・鯉香でのんき節漫才をやっていたがコンビ解消。没年は昭和四十五年(一九七〇)。

(35)**砂川捨丸・中村春代**　大正・昭和にかけて活躍した漫才コンビ。大正十二年(一九二三)一月、コンビ結成。明治後期の萬歳の型を残しつつ、新たな要素も取り入れた。ハリセンで春代が捨丸を叩く。紋付袴姿で鼓を持った出立。
砂川捨丸　明治二十三年(一八九〇)十二月二十七日~昭和四十六年(一九七一)十月十二日。大阪府生まれ。父親は大阪相撲の力士。兄は江州音頭の音頭取りの砂川千丸。兄のもとで修行を積み、一座に入る。明治三十二年(一八九九)、初舞台。
中村春代　明治三十年(一八九七)~昭和五十年(一九七五)二月四日。神戸市生まれ。

(36)**桂小文治**(三代目)　落語家。青森県八戸市生まれ。昭和五十四年(一九七九)八月、十代目桂文治に入門。前座名、桂亭治。昭和五十九年(一九八四)二月、二ツ目昇進。平成五年(一九九三)五月、真打ち昇進。三代目小文治を襲名。

(37)**三遊亭圓馬**(四代目)　落語家。明治三十二年(一八九九)一月十八日~昭和五十九年(一九八四)十一月十六日。東京市小石川区(現・東京都文京区)生まれ。父親は三遊亭左圓太。明治三十九年(一九〇六)一月、父の門下に入門して圓童。その後、小三。大正六年(一九一七)、二代目圓馬の門下で三遊亭とん馬に改名して二ツ目。十二年(一九二三)四月に真打ち昇進。三代目小圓馬を襲名。昭和二十二年(一九四七)四月に四代目圓馬を襲名。

(38)**柳家小三亀**《こみき》(柳家小三亀松)　大正十一年(一九二二)十月十二日~平成二十一年(二〇〇九)二月二十七日。静岡県生まれ。初代柳家三亀松に弟子入り、柳家亜坊と名乗る。その後、小三亀と改名。昭和三十年(一九五五)、小三亀松に。大須演芸場を中心に活動した。

(39)**南けんじ**　漫談家。大正十三年(一九二四)~平成九年(一九九七)十二月十六日。東京・世田谷区生まれ。復員後、人見明とスイングボーイズに加わり初高座。その後、歌謡漫才を続けるが、昭和四十九年(一九七四)からピンの漫談家。

(40)**椿みちよ**(翠みち代)　声帯模写。形態模写藝人。昭和十七年(一九四二)三月二十七日~。東京都品川区生まれ。昭和四十年(一九六五)四月、椿みちよの名で初舞台。五十年(一九七五)に島田洋之介・今喜代に弟子入り。

(41)**宮川大助・花子**　漫才コンビ。昭和五十四年(一九七九)一月結成。夫婦でしゃべくり漫才を得意とする。
宮川大助　昭和二十五年(一九五〇)十月三日~。鳥取県生まれ。昭和四十七年(一九七二)、宮川左近に入門。
宮川花子　昭和三十年(一九五五)八月二十八日~。大阪市生まれ。昭和四十九年(一九七四)、チャンバラトリオ入門。

(42)**大空遊平・かほり**　夫婦漫才コンビ。昭和五十七年(一九八二)七月、コンビ結成。平成二十七年(二〇一五)七月、解散。
大空遊平　昭和二十六年(一九五一)五月三日〜。宮城県生まれ。師匠は大空ヒット。
大空かほり　昭和三十七年(一九六二)一月九日〜。

(43)**一陽斉正一**　奇術師。カードとロープの奇術。一陽斎のお家藝は宮中金魚釣りで、お客のポケットや空中から生きた金魚を釣り上げた。

(44)**新山トリロー・ノリロー**　漫才師。新山悦朗・春木艶子の弟子として昭和三十三年(一九五八)二月に結成。四十年(一九六五)、第十三回NHK新人漫才コンクール優勝。四十七年(一九七二)、真打ち。六十年(一九八五)、解散。
新山ノリロー　昭和十一年(一九三六)一月一日〜。
新山トリロー　生年不詳。

(45)**東五九童《あずまごくどう》・桜はるみ**　昭和期に活躍した漫才師。明治三十四年(一九〇一)八月九日〜昭和六十三年(一九八八)三月一日。歌舞伎の子役から東五九童の名前で漫才に転向。五九童がカツラをかぶり、お婆さんに扮した公開ラジオ番組「ワンダフル婆ちゃん」が人気となった。松葉蝶子、香島ラッキー、桜はるみ、川島あゆみ、紅田鶴子など次々とコンビを替えた。ゆっくりとしたテンポの喋りが売り物だった。

(46)**柳エンド**　音曲漫才。大正元年(一九一二)〜?　三遊亭柳枝門下。最初は東秀夫という藝名。秋田實の漫才道場の第一期研究生。その後、柳枝門下で三遊亭柳馬から柳柳笑を経て、柳エンドと改名。妻の水町千代子とコンビを組んで夫婦歌謡音曲漫才で活躍。

(47)**板東英二**　元プロ野球選手。野球解説者。タレント。司会者。昭和十五年(一九四〇)四月五日〜。

(48)**南都雄二《なんとゆうじ》**　漫才師、俳優。大正十三年(一九二四)四月二十六日〜昭和四十八年(一九七三)三月十九日。大阪市生まれ。戦後、三遊亭柳枝の柳枝劇団に参加し、照明部で仕事をしていた。昭和二十三年(一九四八)、上方トンボとして夫婦漫才コンビを結成。その後、舞台俳優として活躍。「漫才学校」「夫婦善哉」などの司会で人気となる。映画にも多数出演。

(49)**都家歌六(八代目)**　落語家。のこぎり漫談。昭和五年(一九三〇)七月二十五日〜。名古屋市生まれ。昭和二十六年(一九五一)三月、三代目桂三木助に入門。前座名は桂三多吉。二十九年(一九五四)十月、二ツ目昇進。桂木多蔵。四十四年(一九六九)十一月、真打ち昇進。八代目都家歌六を襲名。

(50)**若葉トリオ**　昭和期に活躍した音頭ショウ。昭和三十七年(一九六二)十二月、トリオ結成。当時のメンバーは、若葉みゆき、若葉しげみ、若葉わたるだった。

(51)**流行亭歌麿・やちよ**　夫婦の音曲漫才コンビ。昭和二十三年(一九四八)から本格的にコンビを組む。
流行亭歌麿　明治四十四年(一九一一)一月二十二日～一九八〇年代。大阪市生まれ。落語家の林家染三に入門。昭和十三年(一九三八)に漫才に転向。五條家菊二と戦時中は足立てる子と組んだ。二十三年(一九四八)に妻と組む。
流行亭やちよ　明治四十一年(一九〇八)～一九八〇年代。永田キングの実姉。

(52)**三遊亭圓遊**(五代目)　落語家。昭和十八年(一九四三)九月六日～。東京都文京区生まれ。昭和三十七年(一九六二)三月、四代目圓遊に入門。笑遊を名乗る。四十年(一九六五)四月、二ツ目に昇進。五十一年(一九七六)四月、圓遊に改名して真打ち昇進。

(53)**三人奴**　三味線漫才トリオ。リーダーの塚本やっこは漫才としては珍しい太棹を持ち、市松笑顔は細棹を持ち、渋い喉を披露。浄瑠璃芝居をもとにした音曲漫才。
塚本やっこ　初代リーダー。大正三年(一九一四)七月十三日～昭和六十二年(一九八七)一月二十日。大阪府東淀川生まれ。父は俄の塚本百合春。大正十年(一九二一)、安来節の一座で初舞台。一時期、息子の冷やっこが加わり四人奴に。
市松笑顔　大正五年(一九一六)十一月三日～平成十六年(二〇〇四)三月二十五日。長崎県島原市生まれ。やっこの妻。父は義太夫の三日月太郎。四歳で初舞台。その後、漫才に転向。
市松笑美子　昭和三年(一九二八)三月四日～平成十一年(一九九九)一月一日。笑顔の実妹。

(54)**若井ぼん・はやと**　昭和期の漫才コンビ。ともに大阪市南区生まれ。高校の同級生コンビ。昭和三十七年(一九六二)に若井はんじ・けんじ門下に。六十年(一九八五)に解散。
若井ぼん　昭和十九年(一九四四)九月二十七日～。
若井はやと　昭和十九年(一九四四)八月十四日～平成二十年(二〇〇八)十二月八日。

(55)**桂文朝**(二代目)　落語家。昭和十七年(一九四二)三月三十一日～平成十七年(二〇〇五)四月十八日。東京都新宿区生まれ。昭和二十七年(一九五二)七月、二代目桂小南に入門。前座名は山遊亭タア坊。三十年(一九五五)、山遊亭金時に改名。三十四年(一九五九)一月、二ツ目昇進、桂小西。四十五年(一九七〇)四月、真打ち昇進。二代目桂文朝を襲名。

(56)**松旭斎小天勝**　昭和の奇術師。昭和十一年(一九三六)～昭和六十年(一九八五)八月六日。福岡県生まれ。松竹歌劇団入団。富士千恵美の名前で歌手活動。その後、昭和三十七年、松旭斎小天勝で奇術師としてデビュー。関西の女性奇術師ナンバーワンとして活躍。

(57)**松鶴家千代菊・千代若**　昭和初期から平成に活躍した夫婦漫才コンビ。

松鶴家千代若　明治四十一年(一九〇八)十月二十五日〜平成十二年(二〇〇六)六月十五日。栃木県生まれ。師匠は初代松鶴家千代八。

松鶴家千代菊　大正四年(一九一五)一月十九日〜平成八年(一九九六)四月二十九日。東京都生まれ。

(58)**若井こづえ・ひとみ**　元漫才コンビ。昭和四十年(一九六五)、洋裁学校の同級生でコンビ結成。若井こづえ・ひとみ(のちに若井小づえ・みどりに改名)、初舞台。師匠は若井はんじ・けんじ。

若井こづえ　昭和二十二年(一九四七)十二月二十一日〜平成十一年(一九九九)一月十三日。大阪市生まれ。ボケ役。解散後も藝人としての活動を続ける。

若井みどり　昭和十九年(一九四四)七月二十九日〜。大阪市生まれ。ツッコミ役。

(59)**美和サンプク・メチャコ**　漫才師。サンプクは名古屋の師範学校出身。メチャコはかつてギターを持っていたが、その後、バイオリンになった。

(60)**神田ろ山**　講釈師。大正八年(一九一九)一月十六日〜平成元年(一九八九)十月九日。埼玉県生まれ。昭和十二年(一九三七)、初代ろ山に入門し、ち山。戦後、廃業していたが四十七年(一九七二)、復帰。五十五年(一九八〇)に三代目ろ山を襲名。得意演目は「次郎長とどもやす」「森の石松」など。痴楽の「綴り方狂室」はろ山の作。

(61)**宝井馬琴**(六代目)　講釈師。昭和十年(一九三五)九月十三日〜平成二十七年(二〇一五)九月二十五日。静岡県清水市生まれ。昭和三十四年(一九五九)、五代目宝井馬琴に入門。三代目琴調を名乗る。四十一年(一九六六)、真打ち昇進。四代目琴鶴に改名。六十二年(一九八七)、六代目宝井馬琴を襲名。

(62)**宝家和楽・和喜美**　太神楽曲芸の夫婦のコンビ。口にくわえたバチの土瓶をのせてコントロールする藝が得意。晩年は和喜美の闘病で和楽ひとりが舞台に立った。

和楽　明治三十九年(一九〇六)、東京・浅草生まれ。父親は初代和楽。昭和十五年(一九四〇)、兄の二代目和楽の死去で、三代目和楽を襲名。得意のくわえばちが歯の衰えのためにできなくなり、引退。夫人の和喜美は高座で三味線演奏をするという変った形式。

(63)**雷門福助**　落語家。明治三十四年(一九〇一)十月二十日〜昭和六十一年(一九八六)六月十一日。

(64)**Wヤング**　漫才コンビ。当初は音曲漫才だったが、後にしゃべくり漫才に転向。

平川幸男　昭和十六年(一九四一)十月五日〜。神戸市生まれ。

中田治雄　昭和十二年(一九三七)十二月二日〜昭和五十四年(一九七九)十月二十五日。奈良県大和高田市生まれ。

(65)小唄志津子・広多成三郎　漫才コンビ。戦前、戦後にかけて活躍。
小唄志津子　大正二年(一九一三)〜?　夫の広多とシズエの名前でコンビを組む。夫の死後、小唄志津子の名で荒川キヨシと組んだ。

(66)桂福團治(四代目)　落語家。昭和十五年(一九四〇)十月二十六日〜。三重県四日市生まれ。昭和三十六年(一九六一)、三代目桂春團治に入門、一春と名乗る。四十一年(一九六六)、五代目桂小春と改名。四十八年(一九七三)十月、四代目福團治を襲名。

(67)春風亭柳好(三代目)　落語家。「野ざらしの柳好」と呼ばれた。明治二十年(一八八七)四月二十四日－昭和三十一年(一九五六)三月十四日。実際には五代目だが、自ら三代目と名乗っていた。東京都台東区生まれ。「唄い調子」といわれる独特の口調で人気だった。二代目談洲楼燕枝に入門し、燕吉を名乗る。大正六年(一九一七)に六代目春風亭柳枝の門下で、柳好で真打ちに昇進。高座に上がると客席から「野ざらし」や「がまの油」のかけ声がかかるほどだった。

(68)春風亭柳枝(八代目)　落語家。明治三十八年(一九〇五)十二月十五日〜昭和三十四年(一九五九)十月八日。東京・本郷生まれ。音曲師の四代目柳家枝太郎の子。大正十年(一九二一)三月、四代目春風亭柳枝に入門。枝女太《しめた》と名乗る。十四年(一九二五)四月、八代目春風亭柏枝として真打ち昇進。昭和十八年(一九四三)三月、八代目春風亭柳枝を襲名。

(69)鈴々舎馬風(四代目)　落語家。明治三十七年(一九〇四)八月三十日〜昭和三十八年(一九六三)十二月十五日。東京府生まれ。大正十年(一九二一)六月、六代目金原亭馬生(後の四代目古今亭志ん生)に入門して金原亭馬治。昭和二年(一九二七)九月、真打ちに昇進して馬風を襲名。その風貌から「鬼の馬風」と呼ばれた。

(70)三遊亭百生　落語家。明治二十八年(一八九五)十月三日〜昭和三十九年(一九六四)三月三十一日。大阪市南区生まれ。三代目三遊亭圓生に入門して、初代三遊亭圓輔を名乗る。後の四代目三遊亭圓生門下に移り、百生と改名。得意ネタは「三十石」「皿屋敷」など。

(71)三遊亭金馬(三代目)　落語家。明治二十七年(一八九四)十月二十五日〜昭和三十九年(一九六四)十一月八日。東京市生まれ。初代三遊亭圓歌にスカウトされ入門、三遊亭歌当を名乗る。入門二年弱で二ツ目昇進。二代目三遊亭歌笑を襲名。入門から六年で真打ち昇進。大正十五年(一九二六)四月、三代目三遊亭金馬を襲名。

(72)三遊亭圓歌(二代目)　落語家。明治二十三年(一八九〇)四月二十八日〜昭和三十九年(一九六四)八月二十五日。新潟県生まれ。大正四年(一九一四)四月、初代三遊亭圓歌に入門、歌寿美を名乗る。六年(一九一七)二ツ目昇進、三遊亭歌奴を名乗る。十年(一九二〇)四月、真打ち昇進。昭和九年(一九三四)十月、二代目圓歌を襲名。

(73)**三遊亭遊三**(二代目)　落語家。初代の門下。放浪癖があった。

(74)**橘家圓太郎**(七代目)　落語家。明治三十四年(一九〇一)十一月二十日〜昭和五十二年(一九七七)八月十五日。大正十四年(一九二五)、初代橘ノ圓に入門し、橘ノ百圓を名乗る。昭和十八年(一九四三)四月、七代目圓太郎を襲名。新作に「センターフライ」「選挙」などがある。戦前から長く八王子に住んでいたので「山号寺号」をもじって、「圓太郎さん八王子」と呼ばれた。

(75)**古今亭甚語楼**(二代目)　落語家。明治三十六年(一九〇三)四月十二日〜昭和四十六年(一九七一)一月十四日。大正八年(一九一九)五月、初代柳家三語楼に入門し、柳家語ン平を名乗る。十年(一九二一)、二ツ目昇進。昭和十八年(一九四三)六月、真打ち昇進、古今亭志ん馬を襲名。二十四年(一九四九)五月、三代目柳家小せんを襲名。三十三年(一九五八)八月、二代目古今亭甚語楼を襲名。

(76)**三遊亭圓窓**(六代目)　落語家。昭和十五年(一九四〇)十月三日〜。東京都台東区生まれ。昭和三十四年(一九五九)三月、八代目春風亭柳枝に入門、春風亭枝女吉《しめきち》を名乗る。同年十月、師匠柳枝の死去により、六代目三遊亭圓生門下に移り、三遊亭吉生。三十七年(一九六二)十一月、二ツ目昇進。四十四年(一九六九)三月、真打ち昇進、六代目三遊亭圓窓を襲名。

(77)**大阪はじめ**　ものまね、司会。昭和三十年(一九五五)、内海突破に弟子入り。

(78)**田渕岩夫**　タレント、声帯模写。京都府生まれ。昭和四十一年(一九六六)、桜井長一郎に入門。藤山寛美や鳳啓助などの声帯模写でテレビ、映画、舞台などで活躍。

(79)**大久保怜**　司会者、声帯模写。大正九年(一九二〇)四月二十一日〜平成十九年(二〇〇七)二月十二日。横浜市生まれ。昭和二十六年(一九五一)の民間放送開始に合わせてラジオ番組の出演を開始。数多くの演芸・音楽番組の司会を担当。大村崑は一番弟子。平成十二年(二〇〇〇)の素人名人会四十周年をきっかけに藝能活動から引退を宣言。

(80)**大村崑**　コメディアン、俳優。昭和六年(一九三一)十一月一日〜。神戸市生まれ。昭和二十八年(一九五三)、大久保怜に師事。司会の勉強をした後、三十二年(一九五七)、コメディアンとして舞台に立つ。

(81)**トリオ・ザ・ミミック**(久保田進)　昭和十六年(一九四一)二月二十四日〜平成二十一年(二〇〇九)四月二十九日。大久保怜に入門。昭和三十七年(一九六二)、初舞台。生涯現役だった。久保田進がひとりでものまね漫談をしていたのを歌手志望の北海太郎と宮貫一とともに三人で舞台をつとめたのが最初。その後、トリオ・ザ・ミミックを結成。漫才に本格的なものまねを取り入れた。

(82)**桧山さくら**　俗曲師。大正十四年(一九二五)二月十五日〜平成十九年(二〇〇七)十月四日。三味線を弾きながら都々逸などを披露。
(83)**東洋日出丸・朝日丸**　浪曲漫才の兄弟漫才コンビ。ともに山口県岩国市生まれ。父は浪曲師。昭和三十八年(一九六三)にコンビ結成。
東洋日出丸　昭和五年(一九三〇)六月十四日～平成元年(一九八九)二月十一日。天才少年浪曲師といわれる。十歳で日出丸を襲名。
東洋朝日丸　昭和八年(一九三三)十二月二十四日～昭和六十一年(一九八六)七月一日。東洋富士丸の名で十三歳で初舞台。
(84)**三増紋也**　曲独楽師。
(85)**三増紋之助**　曲独楽師。昭和三十八年(一九六三)一月二十二日～。昭和六十一年(一九八六)、三増紋也に弟子入りし、平成三年(一九九一)、三増紋之助を襲名。
(86)**三増れ紋**　曲独楽師
(87)**桜津多子・桜山梅夫**　漫才師。
梅夫　明治四十三年(一九一〇)生まれ。津多子とのコンビで音曲漫才。櫓太鼓の曲弾きや琴の音色を模写するなど三味線藝は絶品。昭和四十八年、上方お笑い大賞功労賞受賞。
津多子　明治四十二年生まれ。格調ある民謡が十八番。細めのつたちゃんが愛称。
(88)**山和なる緒・松本さん吉**　漫才コンビ。さん吉は元安来節出身。
さん吉　大正三年(一九一四)生まれ。山和なる緒の妻となり、コンビを組む。
なる緒　大正三年(一九一四)生まれ。歌舞伎もじりの珍しい漫才。
(89)**桂伸治**(三代目)　落語家。東京都生まれ。昭和四十九年(一九七四)四月、二代目桂伸治(後の十代目桂文治)に入門、桂平治で初高座。五十四年(一九七九)四月、二ツ目昇進。六十四年(一九八九)四月、真打ち昇進、三代目伸治を襲名。

【第三章】
(1)**関山和夫**　民族学者、話芸研究者。昭和四年(一九二九)十月八日～平成二十五年(二〇一三)五月九日。「話芸」という言葉の創始者。昭和四十二年(一九六七)から落語を聴く会「含笑長屋」を名古屋で開催。『説教と話芸』で第十二回日本エッセイストクラブ賞受賞。著書に『安楽庵策伝』など。関山氏は『寄席見世物雑志』で「大須演芸場の開場」において、「席亭は、寄席芸の本質を十分に勉強してもらいたい。(略)席亭が営利面とは別の、寄席芸に対する研究と愛情を失ったならば、直ちにつぶれ去るであろう」と書く。

(2)含笑長屋　昭和四十二年(一九六七)に、名古屋にはない落語文化をということで、関山和夫氏が発起人となって作られた会。隔月開催。関山氏の死去で解散。名古屋市東区の含笑寺の本堂で「聴く会」を開いたことから含笑長屋と名付けられた。第一回は四十二年(同)三月十一日で、店子(会員)五十人、客が百人。柳家小きん「おせつ徳三郎(上)――花見小僧」と「五人廻し」だった。

(3)今池演芸ホール　昭和四十一年(一九六六)、名古屋の今池に開場したが約二十日間で閉鎖。

(4)中村演芸場　大須演芸場が開場して、その大盛況ぶりに刺激され、昭和四十一年(一九六六)に中村区に開場。しかし、約半年で閉鎖。

(5)玉川良一　俳優、声優、コメディアン、浪曲師。大正十三年(一九二四)十月十五日～平成四年(一九九二)十月十四日。群馬県前橋市生まれ。昭和十五年(一九四〇)、十七歳で上京。二代目玉川勝太郎に入門。玉川良太郎の名で住み込み弟子となる。その後、破門。二十歳で応召。二十一年(一九四六)に復員し、帰国。二十六年(一九五一)から一座を率いて地方巡業。三十年(一九五五)に再上京。泉和助の世話で浅草に。玉川良一に改名。浪曲声帯模写で人気となる。東けんじと漫才コンビ「Wコント」を結成。三波伸介を加え、コント「おとぼけガイダンス」を旗揚げ。三十二年(一九五七)解散。

(6)世志凡太　作曲家、作詞家、俳優、コメディアン。昭和九年(一九三四)一月四日～。東京都豊島区生まれ。バンドマンとして活躍。同時期にコメディアンとしてテレビや映画に出演。その後、音楽プロデューサーとしてフィンガー5を世に送り出す。

(7)佐山俊二　コメディアン、俳優。大正七年(一九一八)九月十三日～昭和五十九年(一九八四)一月三十日。北海道登別市生まれ。二十歳のころ初舞台。二十五歳で佐山俊二一座を旗揚げ。戦後、浅草フランス座で人気。映画でも活躍。

(8)石田英二　コメディアン。昭和四年(一九二九)一月十三日～平成三年(一九九一)一月二十六日。大阪府生まれ。戦後、大阪・天王寺の小劇場を経て新宿フランス座に。主に軽演劇で活躍。

(9)石見栄　俳優。「喜劇百点満点」「喜劇黄綬褒章」などに出演。

(10)海野かつお　藝人、俳優、声優。昭和七年(一九三二)四月二十九日～。東京都生まれ。東京吉本のシミキン一座に入り、浅草のストリップ劇場の幕間コントで初舞台。脱線トリオ一門に移り、浅草フランス座で活動。その後、テレビタレントに。

(11)古今亭志ん馬(八代目)　落語家。昭和十年(一九三五)一月十一日～平成六年(一九九四)九月十日。福岡県小倉市生まれ。

昭和二十七年(一九五二)五月、五代目古今亭志ん生に入門、前座名を志ん吉。三十年(一九五五)三月、二ツ目で金原亭馬太郎。四十一年(一九六六)三月、真打ち昇進し、八代目志ん馬を襲名。「お昼のワイドショー」のキャスターや二代目いじわるばあさんとして有名。

(12)**鈴木三重子**　歌手。昭和六年(一九三一)十一月二十四日~昭和六十二年(一九八七)年三月十二日。福島県生まれ。昭和二十九年(一九五四)、「籠の鳥エレジー」でレコードデビュー。三十一年(一九五六)、「愛ちゃんはお嫁に」が大ヒット。

(13)**三遊亭生之助**　落語家。昭和十年(一九三五)八月二十二日~平成二十一年(二〇〇九)五月二十二日。東京都足立区生まれ。昭和三十四年(一九五九)二月、六代目三遊亭圓生に入門、前座名は六生《ろくしょう》。三十七年(一九六二)五月、二ツ目昇進、生之助に改名。四十八年(一九七三)九月、真打ち昇進。

(14)**古今亭圓菊**　落語家。昭和三年(一九二八)四月二十九日~平成二十四年(二〇一二)十月十三日。静岡県生まれ。昭和二十八年(一九五三)七月、五代目古今亭志ん生に入門、古今亭生次。三十二年(一九五七)三月、二ツ目に昇進し、六代目おかし家今松。四十一年(一九六六)九月、真打ち昇進、二代目古今亭圓菊を襲名。

(15)**金原亭馬生**　落語家。昭和三年(一九二八)~昭和五十七年(一九八二)。父は五代目古今亭志ん生。弟は三代目古今亭志ん朝。東京都生まれ。昭和十七年(一九四二)八月、父・五代目志ん生に入門。四代目むかし家今松を名乗る。当時は落語家が少なく二ツ目からのスタート。十九年(一九四四)頃、初代古今亭志ん朝と改名。二十二年(一九四七)一月、父・志ん生帰国。再び今松に。二十三年(一九四八)、真打ち昇進、古今亭志ん橋を襲名。二十四年(一九四九)一月、十代目金原亭馬生を襲名。

(16)**三遊亭遊三**(初代)　落語家。一八三九年~大正三年(一九一四)七月八日。二代目五明楼玉輔の門人となり、玉秀と名乗って寄席に出る。その後、初代三遊亭圓遊の門人となり三遊亭遊三となる。十八番は「よかちょろ」で「よかちょろの遊三」と呼ばれた。

(17)**桂太**(金原亭伯楽)　落語家。昭和十四年(一九三九)二月十六日~。横浜市生まれ。昭和三十六年(一九六一)四月、十代目金原亭馬生に入門、前座名は桂太。三十九年(一九六四)、二ツ目昇進。四十八年(一九七三)九月、真打ち昇進。五十五年(一九八〇)三月、初代金原亭伯楽となる。

(18)**千家松人形・お鯉**　女道楽コンビ。
千家松人形　明治三十九年(一九〇六)~昭和五十七年(一九八二)。
千家松お鯉　明治四十二年(一九〇九)~昭和五十四年(一九七九)五月十五日。長野県生まれ。

(19)**笑福亭花丸**　落語家。昭和四十八年(一九七三)三月廃業。廃業後は、名古屋大須演芸場の支配人を務めていた。

(20)**フラワーショウ**　浪曲漫才トリオ。昭和三十六年(一九六一)十月～平成十八年(二〇〇六)。浪曲漫才ブームにのって旗揚げ。若干のメンバー交代があり、歌謡浪曲を下敷きにした音曲漫才の型を確立。「道頓堀行進曲」の替え歌がテーマソング。女性三人組。

(21)**古今亭今輔**(五代目)　落語家。明治三十一年(一八九八)六月十二日～昭和五十一年(一九七六)十二月十日。群馬県生まれ。大正三年(一九一四)五月、初代三遊亭圓右に入門、初代三遊亭小右京を名乗る。その後、兄弟子の初代三遊亭右女助一門に。六年(一九一七)、二ツ目昇進。桃助に改名。柳家小さん一門に移籍、四代目柳家小山三に改名。十二年(一九二三)三月、真打ち昇進。十四年(一九二五)十一月、柳家小さん三と改名。昭和十六年(一九四一)四月、五代目古今亭今輔を襲名。得意ネタは「青空お婆さん」「ラーメン屋」など。「古典落語も、できたときは新作落語です」が口癖だった。

(22)**桂小文治**(二代目)　落語家。明治二十六年(一八九三)三月二十八日～昭和四十一年(一九六六)十一月二十八日。七代目桂文治門下。大正六年(一九一七)、小文治を襲名。

(23)**三遊亭圓馬**(四代目)　落語家。明治三十二年(一八九九)一月十八日～昭和五十九年(一九八四)十一月十六日。東京市小石川生まれ。明治三十九年(一九〇六)一月、父の門下で入門、圓童を名乗る。大正六年(一九一七)、三遊亭とん馬と改名、二ツ目。十二年(一九二三)四月、真打ちに昇進。三代目三遊亭小圓馬を襲名。昭和二十二年(一九四七)四月、四代目圓馬を襲名。

(24)**桂小南**(二代目)　落語家。大正九年(一九二〇)一月二日～平成八年(一九九六)五月四日。大正九年(一九二〇)、京都府生まれ。昭和十四年(一九三九)、三代目三遊亭金馬の内弟子となり、山遊亭金太郎を名乗る。二十六年(一九五一)、二代目桂小文治の身内となる。三十三年(一九五八)九月、八代目桂文楽の好意で、二代目桂小南を襲名し、真打ち。丹波なまりが抜けず、師匠の三代目金馬から上方噺に転向するよういわれ、それまでの江戸噺を封印。大阪の寄席に出かけては、上方噺を教わった。

(25)**桂小西**(桂文朝)　落語家。昭和十七年(一九四二)三月三十一日～平成十七年(二〇〇五)四月十八日。昭和二十七年(一九五二)七月、二代目桂小南(当時は山遊亭金太郎)に入門。前座名は山遊亭タア坊。三十四年(一九五九)一月、二ツ目昇進。四十五年(一九七〇)四月、真打ち昇進、二代目桂文朝を襲名。

(26)**山田五十鈴**　女優。大正六年(一九一七)二月五日～平成二十四年(二〇一二)七月九日。大阪市生まれ。父は新派俳優。母は北新地の売れっ子芸者。昭和五年(一九三〇)、日活入社。「剣を越えて」で大河内傳次郎の相手役としてデビュー。娘役で人気。デビュー一年目で十五本の作品に出演。九年(一九三四)、第一映画に移り、溝口健二監督の「浪華悲歌」などで映画女優として認められる。出演作に「流れる」「東京暮色」など。

(27)**三木のり平**　俳優、演出家、コメディアン。大正十三年(一九二四)四月十一日〜平成十一年(一九九九)一月二十五日。東京都日本橋区浜町生まれ。本名は田沼則子《ただし》。日本大学法文学部芸術学科卒業。俳優座などを経て三木鶏郎グループに入り、コメディアンを目指す。昭和二十二年(一九四七)、NHKラジオ「日曜娯楽版」に出演。二十五年(一九五〇)、喜劇「無敵競輪王」で映画デビュー。三十一年(一九五六)の「のり平の三等亭主」で映画初主演。キャラクターのモデルや声優をつとめた桃屋のアニメCMは四十年間続いた。

(28)**雲の上団五郎一座**　昭和三十七年(一九六二)四月十五日に公開された映画。四十年(一九六五)十月一日からは榎本健一主演でテレビ放送された。

(29)**建礼門院**　高倉天皇の中宮。安徳天皇の母。平清盛の次女。久寿二年(一一五五)〜建保元年(一二一三)十二月十三日。寿永四年(一一八五)、壇ノ浦の戦いに敗れて安徳天皇とともに入水したが助けられて京都に戻り、尼となり余生を送った。

北条秀司　劇作家、著述業。明治三十五年(一九〇二)〜平成八年(一九九六)五月十九日。大阪市生まれ。箱根登山鉄道の社員をしながら岡本綺堂に師事。昭和二十二年(一九四七)、新国劇の「王将」が大ヒット。

(30)**柳家小せん**(四代目)　落語家。大正十二年(一九二三)七月二十四日〜平成十八年(二〇〇六)十月十日。東京都生まれ。五代目柳家小さんの総領弟子。昭和二十四年(一九四九)四月、九代目柳家小三治(後の五代目柳家小さん)に入門、前座名は小満輔。二十六年(一九五一)三月、二ツ目に昇進、小きん。三十六年(一九六一)九月、真打ち昇進。四代目柳家小せんを襲名。

(31)**江戸家猫八**(三代目)　物真似師、俳優。大正十年(一九二一)十月一日〜平成十三年(二〇〇一)十二月十日。父親は初代江戸家猫八。昭和十五年(一九四〇)、古川緑波一座に入団し、俳優。二十五年(一九五〇)、父の弟子だった二代目猫八(木下華戸)に、父の藝を継ぐようにすすめられ、三代目江戸家猫八を襲名。三十一年(一九五六)、NHK「お笑い三人組」に出演。五十四年(一九七九)、落語協会から落語芸術協会に移籍。

【第四章】

(1)**人形町末廣**　東京都中央区日本橋人形町三丁目にあった寄席。落語を中心に興行を行っていた。開業時から戦後まで「末廣亭」。以降は人形町末廣と称していた。

（2）鈴本演芸場　寄席。現在は落語協会の藝人が中心。創業者は現席亭の祖先、三代目本牧屋仙之助。関東大震災後に現在地に移転。昭和四十六年（一九七一）、現代の近代的なビルの寄席となる。

（3）柳家さん助（二代目）　落語家。大正十五年（一九二六）八月六日〜平成二十三年（二〇一一）九月九日。ちょんまげを結っていたことで知られる。昭和二十六年（一九五一）八月、五代目柳家小さんに入門。前座名は小春。二十九年（一九五四）三月、二ツ目昇進。小三太に改名。三十六年（一九六一）九月、真打ち昇進。二代目柳家さん助を襲名。

（4）柳家小のぶ　落語家。昭和十二年（一九三七）十月三日〜。昭和三十一年（一九五六）五月、五代目柳家小さんに入門、小延と名乗る。三十三年（一九五八）九月、二ツ目昇進、小のぶに改名。四十八年（一九七三）三月、真打ち昇進。

（5）小田実　小説家。昭和七年（一九三二）〜平成十九年（二〇〇七）。大阪府生まれ。旅行記『何でも見てやろう』がベストセラーに。「ベトナムに平和を！　市民連合」（ベ平連）を結成。反戦運動に取り組む。

（6）蝶花楼馬楽　落語家。明治四十一年（一九〇八）一月二十一日〜昭和六十二年（一九八七）六月三日。東京都生まれ。昭和六年（一九三一）年七月、四代目柳家小さんに弟子入り、花之丞。十五年（一九四〇）五月、二ツ目昇進、金原野馬の助に改名。二十二年（一九四七）十一月、華形家八百八に改名し、真打ち昇進。二十七年（一九五二）六月、林家正蔵一門の客分格となり、六代目蝶花楼馬楽を襲名。

（7）橘家圓平　落語家。昭和六年（一九三一）四月七日〜。東京都大田区生まれ。昭和二十八年（一九五三）四月、七代目橘家圓蔵に入門、若蔵。三十三年（一九五八）十一月、二ツ目昇進、立花家橘松と改名。四十八年（一九七三）三月、真打ち昇進。橘家圓平と改名。落語協会所属。

（8）橘家三蔵　落語家。昭和十二年（一九三七）十一月十一日〜平成九年（一九九七）二月三日。昭和三十二年（一九五七）三月、七代目橘家圓蔵に入門、三蔵を名乗る。三十七年（一九六二）五月、二ツ目昇進。四十八年（一九七三）九月、真打ち昇進。

（9）柳家つばめ　落語家。昭和三年（一九二八）四月三十日〜昭和四十九年（一九七四）九月三十日。宮城県石巻市生まれ。國學院大學卒業。中学校教師になってから落語家に。

（10）片岡鶴八　声帯模写藝人。大正六年（一九一七）七月七日〜昭和六十三年（一九八八）七月十三日。長野県上田市生まれ。レパートリーは、浪曲の節まね。歌手、政治家など。片岡鶴太郎は弟子。

【資料作成】　加藤浩＋北野麦酒

あとがき

昨今の落語会事情を主催者の側の観点から『席亭志願』の第三弾ということで、書こうと思っていたのですが、この夏、名古屋の実家に帰ったとき、子どものころ、必死に集めた寄席のプログラム、番付、ポスターなどの貴重な資料を見ているうちに、これは、今残しておかないといけないという思いにかられ、祖父の日記帳と、当時の微かな記憶をたどりながら、その時折に感じていたことを綴りました。

十数年という短いあいだ、日本のありとあらゆる藝能の魅力と、それを通して人としての生き方をわたしにとことん教え、四十年前に天国に旅立った祖父・末吉は、喜んでこの本を読んでくれていると思います。

最後になりましたが、「面白いですよ。どんどん自分の言葉で書いてください」と、落語家ばりに、わたしを「よいしょ」してのせ、背中を押すというよりも叩いてくれた北野麦酒さんと、じっと原稿を待ち続けてくれた彩流社の河野和憲さん、そして最後までお読みいただきました落語ファンのみなさまに感謝申し上げます。

【著者】

加藤浩

…かとう・ひろし…

昭和35年(1960)生まれ。落語会企画。大学卒業後、商社勤務。寄席勤務を経て、平成11年(1999)、(株)オフィスエムズ設立。「市馬落語集」「さん喬十八番集成」「権太楼ざんまい」「通ごのみ」「一朝会」「雲助蔵出し」「日本演芸若手研精会」「真一文字の会」「三人集」「春に船」「長講三人の会」ほか、落語会を主催。

Sairyusha

落語小僧《らくごこぞう》ものがたり

二〇一八年一月二十日　初版第一刷

著者――加藤浩

発行者――竹内淳夫

発行所――株式会社 彩流社

〒102-0071

東京都千代田区富士見2-2-2

電話：03-3234-5931

ファックス：03-3234-5932

E-mail：sairyusha@sairyusha.co.jp

印刷――明和印刷(株)

製本――(株)村上製本所

装丁――中山銀士+金子暁仁

ISBN978-4-7791-2439-6 C0076

http://www.sairyusha.co.jp

フィギュール彩

〔既刊〕

⑫ 大人の落語評論

稲田和浩◉著

定価（本体 1800 円＋税）

ええぃ、野暮で結構。言いたいことがあれば言えばいい。書きたいことがあれば書けばいい。 文句があれば相手になるぜ。寄らば斬る。天下無双の批評家が真実のみを吐く。

⑱ 忠臣蔵はなぜ人気があるのか

稲田和浩◉著

定価（本体 1800 円＋税）

日本人の心を掴んで離さない忠臣蔵。古き息吹を知る古老がいるうちに、そういう根多の口演があればいい。さらに現代から捉えた「義士伝」がもっと生まれることを切望する。

⑲ 談志　天才たる由縁

菅沼定憲◉著

定価（本体 1700 円＋税）

天才の「遺伝子」は果たして継承されるのだろうか。落語界のみならずエンタメ界で空前絶後、八面六臂の大活躍をした落語家・立川談志の「本質」を友人・定憲がさらりとスケッチ。

フィギュール彩

〈既刊〉

㉛岐阜を歩く

増田幸弘◉著

定価(本体1800円+税)

僕は、増田さんのもつ「境界線」のイメージにとても興味をひかれます。家族内、都市と都市、くにざかい、離れ合った時間。「線」において考える、という思索の方法論を、あみだしておられる。(作家・いしいしんじ)

㊳演説歌とフォークソング

瀧口雅仁◉著

定価(本体1800円+税)

添田唖蝉坊らによる明治の「演説歌」から、吉田拓郎、井上陽水、高田渡、そして忌野清志郎たちの昭和の「フォークソング」にまで通底する「批判精神」を探る。

㊴スポーツ実況の舞台裏

四家秀治◉著

定価(本体1800円+税)

アナウンサー志望者のみならず、スポーツ中継を観戦するスポーツを愛する全てのファンのために書かれた、実況担当アナウンサーによる「技」を楽しむためのディープな解説書。

フィギュール彩

〔既刊〕

⑪ 壁の向こうの天使たち

越川芳明◉著

定価(本体 1800 円+税)

天使とは死者たちの声なのかもしれない。あるいは森や河や海の精霊の声なのかもしれない。「ボーダー映画」に登場する人物への共鳴。「壁」をすり抜ける知恵を見つける試み。

㊼ 誰もがみんな子どもだった

ジェリー・グリスウォルド◉著/渡邉藍衣・越川瑛理◉訳

定価(本体 1800 円+税)

優れた作家は大人になっても自身の「子ども時代」と繋がっていて大事にしているので、子どもに向かって真摯に語ることができる。大人(のため)だからこその「児童文学」入門書。

㊵ 編集ばか

坪内祐三・名田屋昭二・内藤誠◉著

定価(本体 1600 円+税)

弱冠32歳で「週刊現代」編集長に抜擢された名田屋。そして早大・木村毅ゼミ同門で東映プログラムピクチャー内藤監督。同時代的な活動を批評家・坪内氏の司会進行で語り尽くす。

フィギュール彩

〘既刊〙

㊴1979年の歌謡曲

スージー鈴木◉著

定価(本体1700円+税)

「大変だ、スージー鈴木がいよいよ見つかる」(ダイノジ・大谷ノブ彦、ラジオパーソナリティー)。ＴＶ全盛期、ブラウン管の向こう側の歌謡曲で育った大人たちの教科書。

㉜レノンとジョブズ

井口尚樹◉著

定価(本体1800円+税)

レノンとジョブズの共通点は意外に多い。既成のスタイルをブチ破ったクリエイターたち。洋の東西を問わず愚者(フール)が世界をきり拓く。世界を変えたふたりの超変人論。

㉛J-POP文化論

宮入恭平◉著

定価(本体1800円+税)

「社会背景がJ-POPに影響をもたらす」という視座に基づき、数多ある議論を再確認し、独自の調査方法を用いて時代と共に変容する環境とアイデンティティの関連を徹底考察。

フィギュール彩

〔既刊〕

㉑紀行　失われたものの伝説

立野正裕◉著

定価（本体 1900 円＋税）

荒涼とした流刑地や戦跡。いまや聖地と化した「つはものどもが夢の跡」。聖地とは現代において人々のこころのなかで特別な意味を与えられた場所。二十世紀の「記憶」への旅。

㉟紀行　星の時間を旅して

立野正裕◉著

定価（本体 1800 円＋税）

もし来週のうちに世界が滅びてしまうと知ったら、わたしはどうするだろう。その問いに今日、依然としてわたしは答えられない。それゆえ、いまなおわたしは旅を続けている。

㊲黒いチェコ

増田幸弘◉著

定価（本体 1800 円＋税）

これは遠い他所の国の話ではない。かわいいチェコ？ロマンティックなプラハ？いえいえ美しい街にはおぞましい毒がある。中欧の都に人間というこの狂った者の千年を見る。